Klara Kirschbaum

Lapbooks: Weltall, Planeten und Sterne

Praktische Hinweise und Gestaltungsvorlagen
für Klappbücher rund um unser Sonnensystem

Die Autorin

Klara Kirschbaum studierte in Karlsruhe Lehramt für die Grundschule mit den Fächern Deutsch, Religion und Sachunterricht. Sie absolvierte das Referendariat an einer Grundschule in Köln und arbeitet seitdem in Hamburg. Klara Kirschbaum ist Autorin zahlreicher Lehrwerke.

1. Auflage 2023
© 2023 PERSEN Verlag, Hamburg

AAP Lehrerwelt GmbH
Veritaskai 3
21079 Hamburg
Telefon: +49 (0) 40325083-040
E-Mail: info@lehrerwelt.de
Geschäftsführung: Christian Glaser, Sandra Saghbazarian, Robin Schlenkhoff
USt-ID: DE 173 77 61 42
Register: AG Hamburg HRB/126335
Alle Rechte vorbehalten.

Das Werk als Ganzes sowie in seinen Teilen unterliegt dem deutschen Urheberrecht. Die Erwerbenden einer Einzellizenz des Werkes sind berechtigt, das Werk als Ganzes oder in seinen Teilen für den eigenen Gebrauch und den Einsatz im eigenen Präsenz- wie auch dem Distanzunterricht zu nutzen.
Produkte, die aufgrund ihres Bestimmungszweckes zur Vervielfältigung und Weitergabe zu Unterrichtszwecken gedacht sind (insbesondere Kopiervorlagen und Arbeitsblätter), dürfen zu Unterrichtszwecken vervielfältigt und weitergegeben werden.

Die Nutzung ist nur für den genannten Zweck gestattet, nicht jedoch für einen schulweiten Einsatz und Gebrauch, für die Weiterleitung an Dritte einschließlich weiterer Lehrkräfte, für die Veröffentlichung im Internet oder in (Schul-)Intranets oder einen weiteren kommerziellen Gebrauch.
Mit dem Kauf einer Schullizenz ist die Schule berechtigt, die Inhalte durch alle Lehrkräfte des Kollegiums der erwerbenden Schule sowie durch die Schülerinnen und Schüler der Schule und deren Eltern zu nutzen.

Nicht erlaubt ist die Weiterleitung der Inhalte an Lehrkräfte, Schülerinnen und Schüler, Eltern, andere Personen, soziale Netzwerke, Downloaddienste oder Ähnliches außerhalb der eigenen Schule.
Eine über den genannten Zweck hinausgehende Nutzung bedarf in jedem Fall der vorherigen schriftlichen Zustimmung des Verlags.
Sind Internetadressen in diesem Werk angegeben, wurden diese vom Verlag sorgfältig geprüft. Da wir auf die externen Seiten weder inhaltliche noch gestalterische Einflussmöglichkeiten haben, können wir nicht garantieren, dass die Inhalte zu einem späteren Zeitpunkt noch dieselben sind wie zum Zeitpunkt der Drucklegung. Der PERSEN Verlag übernimmt deshalb keine Gewähr für die Aktualität und den Inhalt dieser Internetseiten oder solcher, die mit ihnen verlinkt sind, und schließt jegliche Haftung aus.

Wir verwenden in unseren Werken eine genderneutrale Sprache. Wenn keine neutrale Formulierung möglich ist, nennen wir die weibliche und die männliche Form.
In Fällen, in denen wir aufgrund einer besseren Lesbarkeit nur ein Geschlecht nennen können, achten wir darauf, den unterschiedlichen Geschlechtsidentitäten gleichermaßen gerecht zu werden.

Autorschaft:	Klara Kirschbaum
Covergestaltung:	TSA&B Werbeagentur GmbH, Hamburg
Coverfoto:	Weltall © Vadimsadovski via Adobe Stock (stock.adobe.com); Foto Lapbook und Bastelarbeit © Redaktion PERSEN Verlag
Illustrationen:	Katharina Reichert-Scarborough (Hauptillustratorin), Oliver Wetterauer (Asteroid, Satellit), Marion El Khalafawi (Planet Erde mit Erdachse), Rebecca Meyer (Planet Jupiter, Planet Erde, Planet Neptun, Planet Merkur, Planet Mars, Sternbild Orion, Planet Saturn, Planet Uranus, Planet Venus), Steffen Jaehde (Mayatempel), Bettina Weyland (Mondphasen), Julia Flasche (Piktogramme: Stift/Malen, Kleber, Buch, Schere, Stift/Schreiben), Kristina Klotz (Teleskop), Satzpunkt Ursula Ewert GmbH, Bayreuth (Piktogramme: Krone, Musterbeutelklammer, Wäscheklammer; Grafikanpassungen, Grafikbeschriftungen)
Bastelvorlagen:	Satzpunkt Ursula Ewert GmbH, Bayreuth
Satz:	Satzpunkt Ursula Ewert GmbH, Bayreuth
Druck und Bindung:	Zimmermann Druck + Verlag GmbH, Balve

ISBN: 978-3-403-20994-2
www.persen.de

Inhaltsverzeichnis

Didaktisch-methodische Hinweise 4

Weltall, Planeten und Sterne 6
   Deckblatt 6
   Lesekarten 7
   Die Entstehung des Weltalls 10
   Unser Sonnensystem 13
   Mein Sonnensystem-Modell 14
   Entstehung von Tag, Nacht und Jahreszeiten 16
   Die Planeten in der Umlaufbahn 18
   Planetensteckbriefe 21
   Gas- und Gesteinsplaneten 24
   Besonderheiten der Planeten 26
   Aufbau unserer Erde 30
   Der Zwergplanet Pluto 32
   Der Mond 34
   Die Mondphasen 35
   Sterne am Himmel 37
   Ein Sternenleben 39
   Sternbilder 41
   Die Sage von Orion 44
   Die Sonne und Sonnenaktivitäten 45
   Sonnenfinsternis und Mondfinsternis 47
   Asteroiden, Meteoriten und Kometen 49
   Sternschnuppen 51
   Die Milchstraße und andere Galaxien 52

Astronomie und Raumfahrt 54
   Deckblatt 54
   Lesekarte 55
   Kurze Geschichte der Astronomie 56
   Wichtige Astronomen 58
   Auffällige Erscheinungen im All 60
   Gravitation, die unsichtbare Kraft 62
   Raumfahrt 63
   Weltraumteleskope, -stationen, Satelliten und Raumsonden 65
   Der Raumanzug 67
   Das Leben im Weltall 68
   Aufbau einer Rakete 71

Anhang 72
   Astronauten-Ausweise 72
   Bewertungsbogen 73
   Laufzettel (Blankovorlage) 74

Digitales Zusatzmaterial:

Das Sonnensystem-Quiz

Blankofaltvorlagen

Didaktisch-methodische Hinweise

Was sind Lapbooks?

Ein Lapbook ist ein Klappbuch, eine kleine Mappe, die sich mehrfach ausklappen lässt und von den Kindern individuell gestaltet und ausgestattet werden kann. So passen z. B. kleine Taschen, Faltbücher, Klapphefte, Drehscheiben, Leporellos, Bilder u. v. m. hinein. Durch das Gestalten ihres Klappbuchs können die Kinder ihre Lernergebnisse durch Basteln, Schreiben und Ausarbeiten festhalten. Dies geschieht auf eine motivierende, kreative Weise und alle erzielen dabei ein eigenes Ergebnis. Jedes Lapbook ist individuell, keines sieht aus wie das andere. Die Kinder entscheiden selbstständig, wie sie mit erarbeiteten Informationen umgehen, und bringen dabei unterschiedliche Aspekte schriftlich und gestalterisch in ihr Buch ein.

Einsatz von Lapbooks im Unterricht

Lapbooks können in nahezu allen Fächern eingesetzt werden. Zusätzlich zum Sachunterricht bieten sie sich z. B. zu Themen des Deutsch- (Lektüre, Bilderbuch, Gedichte …), Mathematik- (Addition, Subtraktion, Wahrscheinlichkeit …), Kunst- (Künstlerinnen und Künstler, Themen, Epochen …) und Religionsunterrichts (biblische Geschichten, Martin Luther …) an.
Im PERSEN Verlag sind bereits zahlreiche Lapbooks für verschiedene Fächer erschienen.

Zielsetzung

Die Kinder
- setzen sich intensiv mit dem Thema auseinander,
- verschaffen sich selbstständig Informationen,
- arbeiten individuell,
- arbeiten in Einzel-, Partner- oder Gruppenarbeit zusammen,
- dokumentieren und präsentieren ihre Ergebnisse,
- lernen und wiederholen die Inhalte.

Material

Bedingung für die Arbeit mit Lapbooks ist eine Vielfalt an Materialien. Ausgelegt werden sollten:
- Tonpapier, Tonkarton und farbiges Papier
- Lapbook-Vorlagen (mehrfach kopiert)
- kopierte Lesekarten zu den Themen
- Musterbeutelklammern
- Wäscheklammern
- Klebestifte
- Stifte
- Scheren
- Schnur

Zur vertiefenden Themenrecherche sind außerdem ein PC mit Internetzugang sowie Lexika, Sachbücher, Zeitschriften, ausgedruckte Fotos etc. sinnvoll.

Vorgehen

Je nachdem, ob und wie Sie das vorliegende Material nutzen und erweitern möchten, sollte für jedes Kind am besten ein DIN-A3-Bogen Pappe oder festeres Papier zur Verfügung stehen.
Das DIN-A4-Format ist auch möglich, doch dann fallen die Lapbooks recht klein aus und die Kopiervorlagen müssen angepasst werden. Die Seiten des in Querformat gelegten Pappbogens werden zur Mitte hin umgeklappt, sodass ein aufklappbares Buch entsteht (siehe Abbildung auf der folgenden Seite). Nach oben und unten kann diese Grundform durch weitere klappbare Elemente erweitert werden.
In dieses Buch hinein basteln und gestalten die Kinder nun mit verschiedenen Elementen zum jeweiligen Thema. Das Deckblatt können sie frei gestalten oder Sie stellen den Kindern eine Vorlage zur Verfügung.

Differenzierung

Lapbooks bieten eine gute Möglichkeit zur Differenzierung, da jedes Kind sein Lapbook eigenständig und nach eigenen Vorstellungen, Fähigkeiten und Fertigkeiten gestaltet; auch die konkreten Inhalte kann es selbst bestimmen. Weiterhin gibt es sowohl einfache Vorlagen, die im Grunde nur ausgeschnitten werden müssen, als auch solche, die mit relativ viel Inhalt gefüllt werden können. Besonders die Blankovorlagen geben

Didaktisch-methodische Hinweise

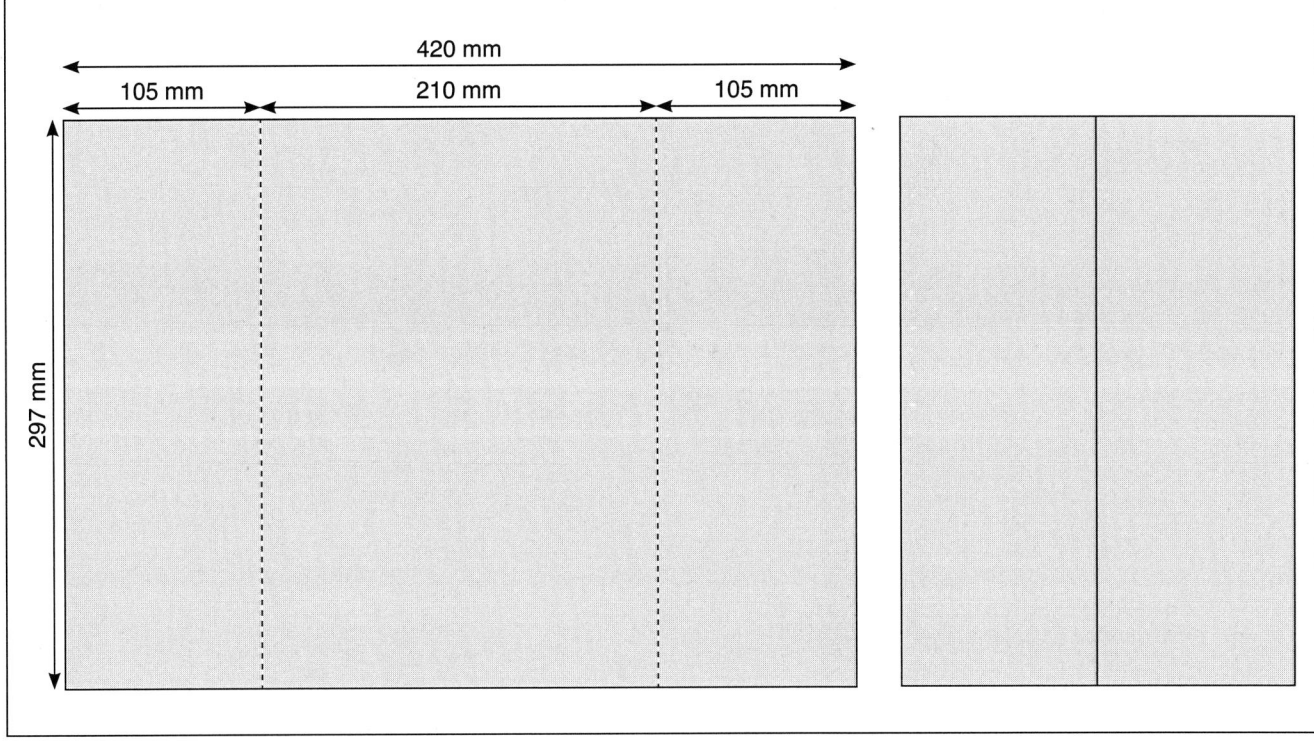

leistungsstarken Kindern die Möglichkeit, noch weitere Inhalte zu recherchieren und zu präsentieren. Teilweise werden dazu Anregungen in den Krönchenaufgaben ♛ gegeben. Des Weiteren bieten sich Lapbooks für Partner- oder Gruppenarbeiten an und sind somit besonders für inklusiv arbeitende Klassen geeignet.

Kinder haben Freude daran, ihre fertigen Lapbooks der Klasse zu präsentieren, und sie wiederholen dadurch ganz nebenbei die Lerninhalte. Jedes Lapbook sieht anders aus und zeigt somit ein individuelles Lernergebnis, was die Präsentation und Besprechung mit der Klasse besonders abwechslungsreich und spannend macht.

Bewertung

Die Kinder erarbeiten sich die Inhalte des Themas selbstständig. Parallel zum Unterrichtsverlauf bietet es sich an, eine Tabelle anzulegen, die als eine Art Bewertungsraster verwendet werden kann. Die fertigen Klappbücher können nach den Präsentationen eingesammelt und von der Lehrkraft als Portfolio der Arbeit genutzt werden.

Klassenstufen

In jüngeren Jahrgängen bietet sich eine behutsame Heranführung an die Arbeit mit Lapbooks an. Zu Beginn jeder Stunde können die Kinder mithilfe ihres Lapbooks die erarbeiteten Inhalte wiederholen. Eventuell kann in jeder Stunde eine kleine Anzahl an Lapbook-Elementen bereitgestellt werden. Dann werden die Aufgaben Schritt für Schritt erweitert – und somit entwickelt sich das Klappbuch im Laufe einer Unterrichtseinheit.

Zudem sollten in den tieferen Klassen noch stärkere Vorgaben gemacht und konkrete Aufgabenstellungen formuliert werden; auch die (Sach-)Informationen werden von der Lehrkraft vorgegeben. Je mehr die Kinder mit der Methode Lapbook vertraut sind, desto freier können sie sich ein Thema erarbeiten, bis sie irgendwann nur noch Blankovorlagen erhalten und sich das Thema ganz eigenständig erarbeiten.

Grundsätzlich richtet sich die Vorgehensweise in höheren Klassen danach, über welche Erfahrungen die Kinder verfügen und ob sie sich selbstständig Informationen besorgen können (mithilfe von Büchern oder des Internets).

Weltall, Planeten und Sterne – Deckblatt

 Male die Vorlagen für das Deckblatt an und schreibe deinen Namen auf die Linien.

 Schneide die Vorlagen aus.

 Klebe sie auf dein Lapbook.

Weltall, Planeten und Sterne

Dieses Lapbook gehört: _____

Weltall, Planeten und Sterne – Lesekarten 1

Unser Sonnensystem

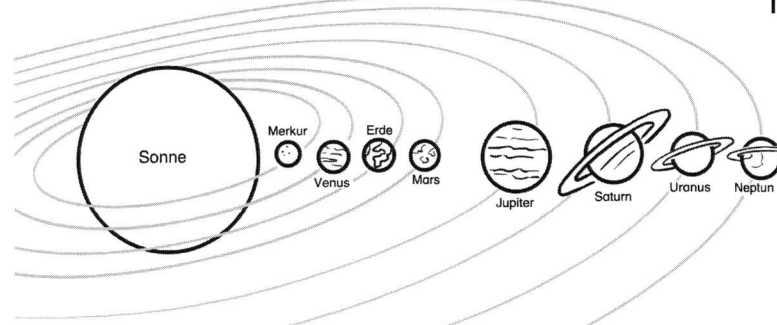

Im Mittelpunkt unseres Sonnensystems steht ein Stern: die Sonne. Die Sonne wird von anderen Himmelskörpern begleitet, wie zum Beispiel Planeten, Asteroiden, Zwergplaneten, Satelliten und unzähligen Gas- und Staubteilchen. Alle Himmelskörper umkreisen die Sonne.
Die acht Planeten in unserem Sonnensystem heißen Merkur, Venus, Erde, Mars, Jupiter, Saturn, Uranus und Neptun.

Die nächsten Nachbarn der Sonne sind die vier Gesteinsplaneten Merkur, Venus, Erde und Mars.

Ein Asteroidengürtel, eine Region von Millionen Felskörpern, liegt hinter dem Mars. Am äußeren Rand des Asteroidengürtels befinden sich die vier Gasplaneten Jupiter, Saturn, Uranus und Neptun.

Gasplaneten und Gesteinsplaneten

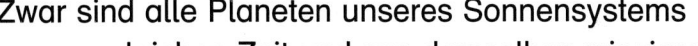

Zwar sind alle Planeten unseres Sonnensystems zur gleichen Zeit und aus demselben winzigen Punkt entstanden, sie haben sich aber unterschiedlich entwickelt. Die Planeten können in zwei Gruppen eingeteilt werden: Gesteinsplaneten und Gasplaneten.
Im Vergleich zu den Gasplaneten sind die vier Gesteinsplaneten winzig. Sie bestehen hauptsächlich aus Mineralien und Gesteinen und haben eine feste Oberfläche. Die Planeten haben einen Kern, einen Mantel und eine Kruste. Zu den Gesteinsplaneten gehören Merkur, Venus, Erde und Mars.

Die Gasplaneten Jupiter, Saturn, Uranus und Neptun sind wesentlich größer als die Gesteinsplaneten (die Erde würde 1400-mal in den Jupiter passen). Sie sind zwar groß, aber sehr leicht, denn sie bestehen aus leichten Gasen wie Helium und Wasserstoff. Die Temperatur liegt außen bei unter −140 Grad Celsius. Im Vergleich zu den Gesteinsplaneten haben sie viele Monde, der Jupiter zum Beispiel hat 69.

Weltall, Planeten und Sterne – Lesekarten 2

Der Mond

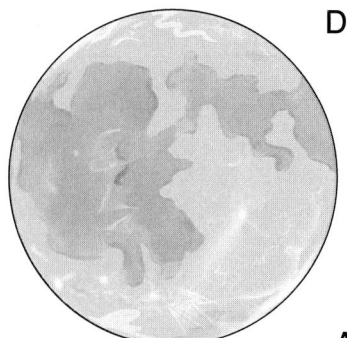

Der Mond ist ein ständiger Begleiter der Erde. Er wird auch als Trabant bezeichnet (Trabant = Begleiter). Der Mond wirkt am Nachthimmel zwar so groß wie die Sonne, das liegt aber nur daran, dass er der Erde viel näher ist als die Sonne. Der Mond hat einen Durchmesser von 3 474,2 km und passt damit viermal in die Erde. Für den Umlauf um die Erde braucht der Mond 27 Tage.

Auf der Oberfläche des Mondes kannst du eine Reihe dunkler Flecken sehen, das sind Gebirge und Täler.

Je nachdem, wie der Mond von der Sonne beleuchtet wird, entstehen die Mondphasen: Vollmond, abnehmender Mond, Neumond, zunehmender Mond.

Wissenschaftlerinnen und Wissenschaftler gehen davon aus, dass der Mond durch den Zusammenstoß der Erde mit einem anderen Himmelskörper entstanden ist. Ein Teil der Erde wurde dadurch abgelöst und mit dem anderen Himmelskörper vermischt. Aus einem Teil der Trümmer formte sich der Mond.

Der Mond hat einen Einfluss auf die Schwerkraft der Erde. Durch ihn entstehen Ebbe und Flut in den Meeren.

Sterne am Himmel

Wie winzige Lichtpunkte sind sie am Himmel zu sehen: die Sterne. So winzig sind sie jedoch gar nicht. Dass Sterne so klein aussehen, liegt nur daran, dass sie sehr weit entfernt sind. Selbst die kleinsten Sterne sind zehnmal so groß wie die Erde. Im Weltraum gibt es so viele Sterne, dass man sie gar nicht zählen kann. Mit bloßem Auge kannst du bei starker Dunkelheit und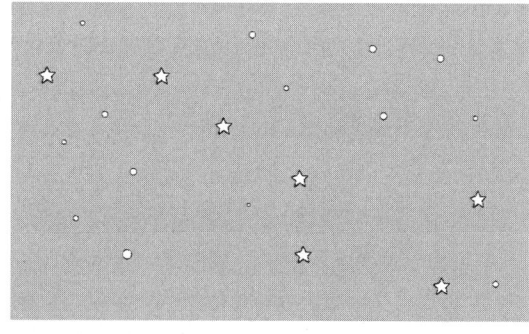
sauberer Luft aber bis zu 6 000 Sterne am Nachthimmel sehen.
Doch wie kommt es, dass sie leuchten? Sterne sind riesige Kugeln aus Gas. Sie bestehen aus Wasserstoff und Helium. In ihrem Inneren ist es unvorstellbar heiß (viele Millionen Grad Celsius). Durch die Hitze wird ständig Wasserstoff verbrannt, wodurch die Sterne leuchten. Das Licht ist so stark, dass wir es auch sehen können, obwohl der Stern sehr weit entfernt ist. Es gibt jedoch einen Stern, der uns im Vergleich zu den anderen sehr nah ist: das ist die Sonne.
Das Licht, das wir am Himmel sehen, wurde vor langer Zeit von den Sternen ausgesandt. Es kann also sein, dass der Stern, den du am Himmel siehst, bereits erloschen ist. Das Licht unseres Nachbarsterns Proxima Centauri braucht zum Beispiel vier Jahre bis zur Erde.

Weltall, Planeten und Sterne – Lesekarten 3

Die Sage von Orion

Für viele ist Orion das schönste Sternbild am Himmel. Orion besteht aus sehr hellen Sternen und ist daher besonders gut zu finden. Drei Sterne bilden den Gürtel, sie sind sehr gut zu erkennen. Weitere Sterne bilden die Beine, Füße, die Schulter und die Arme – fertig ist der Himmelsjäger Orion.

Den Namen hat Orion von einem Helden aus einer griechischen Sage. Dieser war ein Jäger, der viele Abenteuer erlebte und schließlich von einem Skorpion getötet wurde.

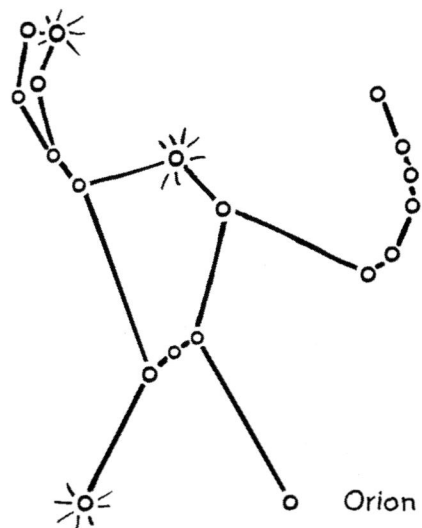

Im Orion gibt es auch einen Nebel aus Sternen: den Orionnebel. Du kannst ihn als verschwommenen Fleck sogar mit bloßem Auge sehen. Auch heute entstehen im Orion ständig neue Sterne.

Jedes Jahr können in der Nähe von Orion auch Sternschnuppen entdeckt werden. Sie werden Orioniden genannt, da sie aus der Richtung des Himmelsjägers kommen.

Die Milchstraße und andere Galaxien

Galaxien sind riesige Ansammlungen von Massen im All: Sie bestehen aus Milliarden von Sternen, Planeten, Staub und Gas. Oft werden Galaxien als Nebel bezeichnet. Durch die Schwerkraft werden die Galaxien zusammengehalten und weitere Sterne können angezogen werden.

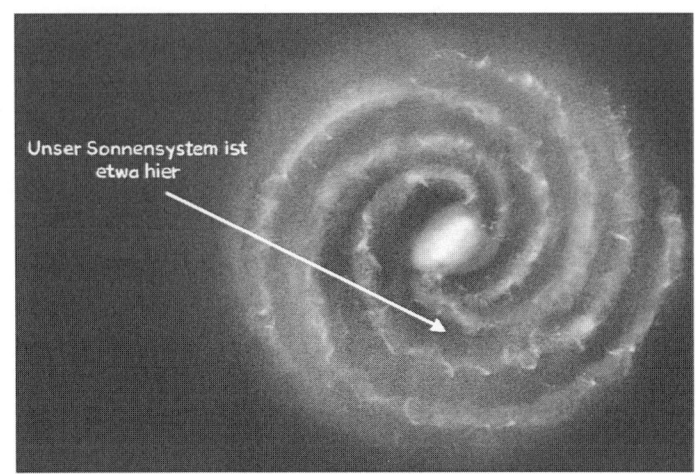

Es gibt unterschiedliche Arten von Galaxien: runde und ovale Galaxien sowie Galaxien, die spiralförmig aufgebaut sind. Die Milchstraße ist eine Spiralgalaxie.

Alle Sterne, die du am Himmel sehen kannst, sind ein Teil unserer Galaxie, der Milchstraße. Sie sieht aus wie ein helles Band, dass sich quer über den Nachthimmel zieht.

Weltall, Planeten und Sterne – Die Entstehung des Weltalls 1

 Schneide die Vorlagen aus.

 Welche Texte gehören zusammen?

 Klebe die Filmstreifen in der richtigen Reihenfolge zusammen.

  Schneide den Fernsehbildschirm aus und klebe ihn oben und unten zusammen. Klebe den Bildschirm dann mit der Rückseite auf dein Lapbook.

Schiebe nun die Filmstreifen durch den Bildschirm.

 Für zukünftige Astronautinnen und Astronauten: Wie stellst du dir den Urknall vor? Male ihn auf den leeren Filmstreifen und klebe ihn ans Ende.

Du kannst dir auch das Video zum Thema anschauen!
https://www.learningbase.de/get-link/984

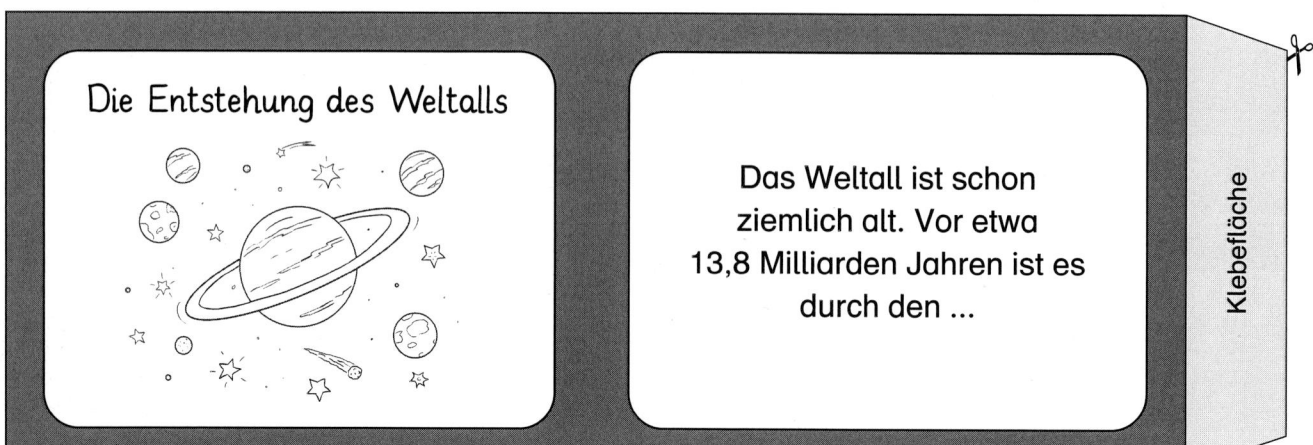

Weltall, Planeten und Sterne – Die Entstehung des Weltalls 2

jedoch nicht. Viele gehen aber davon aus, dass das Weltall aus dem Nichts entstanden ist. „Nichts" – das ist schwer vorstellbar.

„Nichts" bedeutet, dass es dort weder Zeit noch Materie noch Raum gab. Nach den Berechnungen der Wissenschaftlerinnen und Wissenschaftler war das Weltall ...

Urknall entstanden. Mit dem Urknall ist eine große Explosion gemeint.

Physikerinnen und Physiker können ziemlich genau berechnen, was nach dem Urknall passiert ist. Wie der Urknall entstanden ist, wissen sie ...

Menschen. Alles, was es heute in unserem Weltall gibt, war zunächst in diesem winzigen Punkt.

Der Punkt war extrem ...

am Anfang so klein, dass es Millionen Mal in einen Atomkern passte.

Ein Atom ist ein winzig kleines Teilchen. Es ist ein Baustein der Natur. Alles, was uns umgibt und was wir sehen, schmecken, fühlen und riechen, besteht aus Atomen – auch wir ...

© PERSEN Verlag

Weltall, Planeten und Sterne – Die Entstehung des Weltalls 3

		Klebefläche
heiß. Nach dem Urknall kühlte sich das Weltall aber schnell ab und begann, sich auszudehnen.	Nach einer Sekunde hatte es schon einen Durchmesser, wie die Entfernung von der Erde zum …	

		Klebefläche
Sterne und führten auch zur Entstehung der Planeten.	Noch heute kühlt sich das Weltall weiter ab und dehnt sich aus.	

		Klebefläche
Mond. Ein paar Minuten nach dem Urknall hat sich das Weltall so weit abgekühlt, dass sich Atomkerne bilden konnten.	Diese Atome bildeten 180 Millionen Jahre nach dem Urknall …	

Weltall, Planeten und Sterne – Unser Sonnensystem

 Lies die Lesekarte „Unser Sonnensystem".

 Schneide die Vorlage aus.

 Beantworte die Fragen.

 Falte die Form und klebe sie auf dein Lapbook.

Für zukünftige Astronautinnen und Astronauten: Mit welchem Spruch kann man sich die Reihenfolge der Planeten gut merken? Forsche dazu im Internet. Schreibe ihn neben die Form auf dein Lapbook.

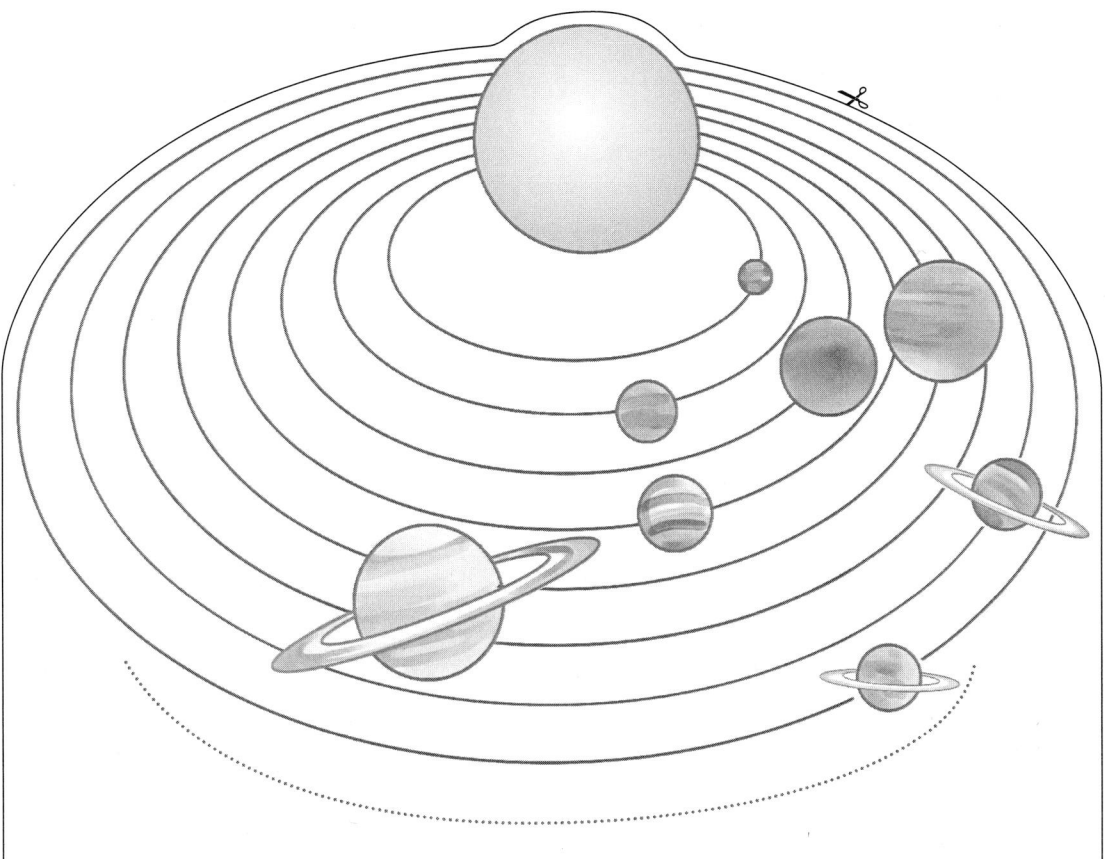

Die gepunktete Linie einschneiden. Nach dem Zuklappen die Karte mit diesem Teil verschließen.

Welcher Stern bildet den Mittelpunkt unseres Sonnensystems?
_____

Welche Planeten umkreisen die Sonne?
_____

Welche anderen Himmelskörper befinden sich auf der Umlaufbahn?
_____

Was liegt hinter dem Mars? _____

Weltall, Planeten und Sterne – Mein Sonnensystem-Modell 1

**Bastle ein eigenes Modell von unserem Sonnensystem.
Nimm dir dazu einen Bogen blaues Papier.**

 Schneide die Vorlagen aus.

 Klebe die Sonne in die Mitte.

 Male die Umlaufbahnen der acht Planeten um die Sonne.

 **Klebe die Planeten auf die richtigen Umlaufbahnen.
Du kannst auch noch Sterne malen oder aus gelbem Papier dazukleben.**

 Rolle den Bogen Papier ein und klebe ihn mit der Lasche auf dein Lapbook.

 **Für zukünftige Astronautinnen und Astronauten: Was unterscheidet Sterne und Planeten? Forsche dazu im Internet. Schreibe es neben dein Modell auf den Bogen Papier.**

| Klebefläche | Mein Sonnensystem-Modell | Klebefläche |

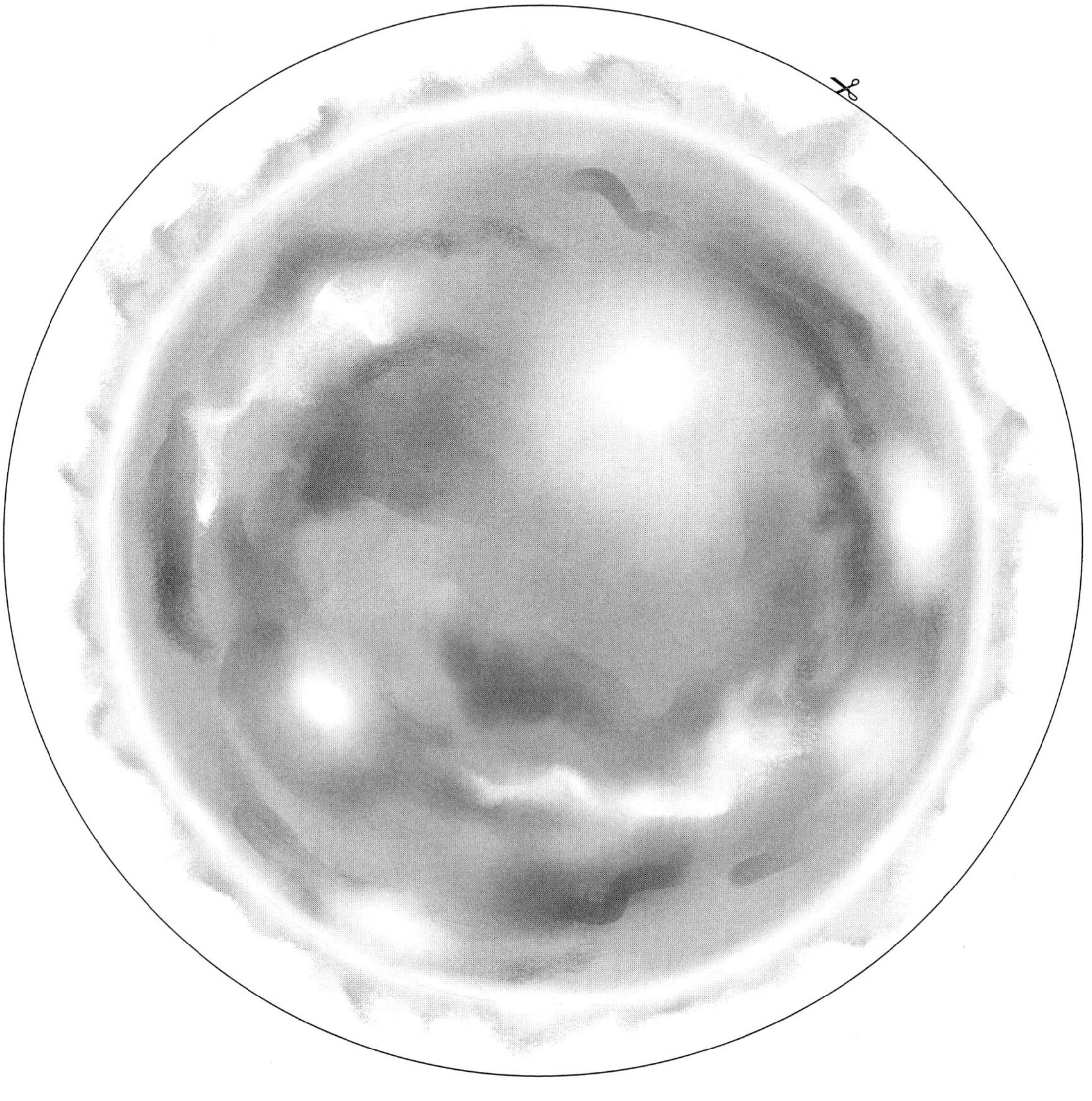

Weltall, Planeten und Sterne – Mein Sonnensystem-Modell 2

Weltall, Planeten und Sterne – Entstehung von Tag, Nacht und Jahreszeiten 1

✂ **Schneide die Vorlagen aus.**

✏ **Schreibe die richtigen Begriffe auf die Bilder.**
Diese Wörter helfen dir:

| Erdachse | Tag | Nacht | Sonnenstrahlen | Winter | Sommer | 23. September |
| 20. März | 21. Juni | 21. Dezember |

🖍 **Falte das Bild und klebe es in den Buchumschlag.**

🖍 **Klebe den Buchumschlag auf dein Lapbook.**

✏ **Gestalte auch ein Deckblatt.**

Entstehung von Tag, Nacht und Jahreszeiten

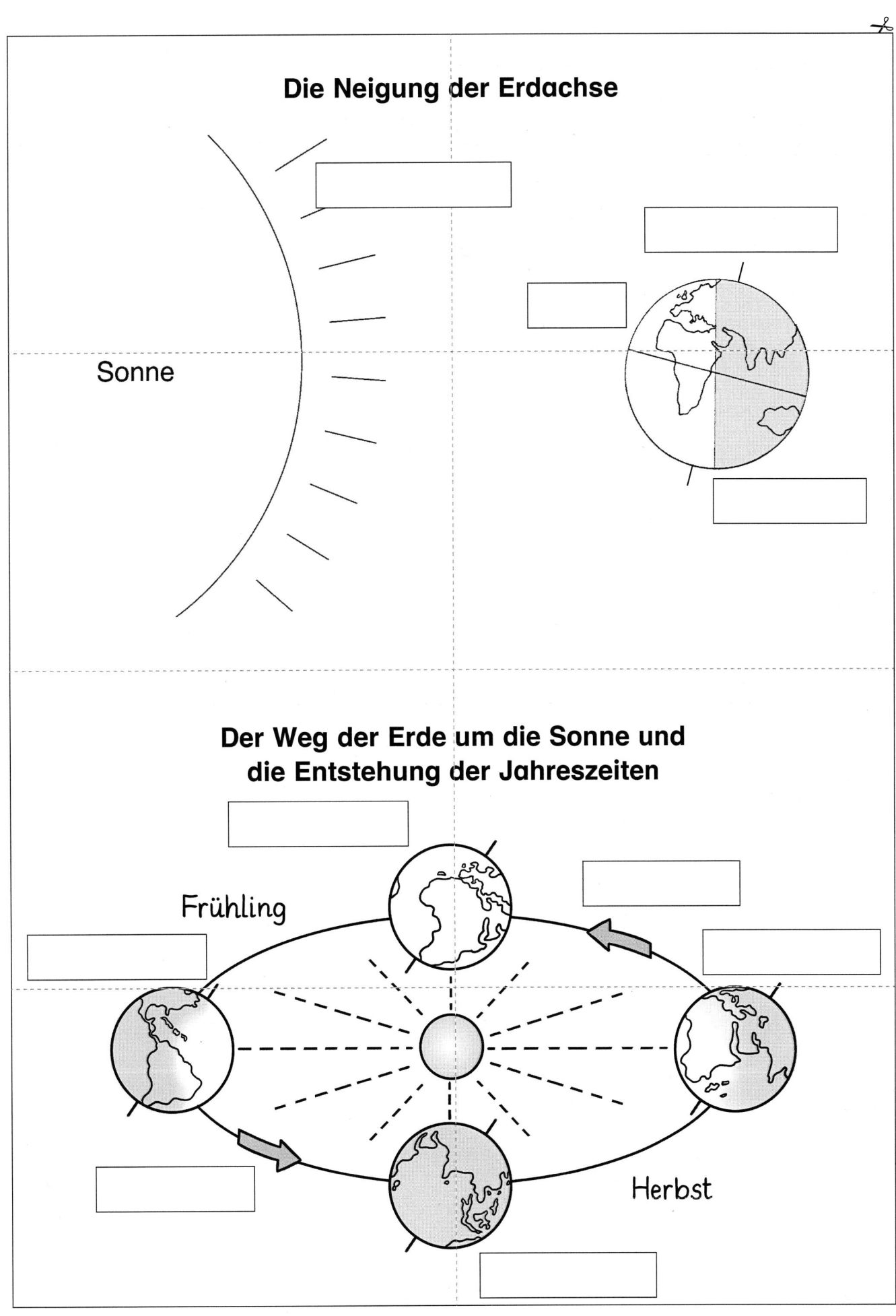

Weltall, Planeten und Sterne – Die Planeten in der Umlaufbahn 1

 Schneide die Planeten, die Sonne und die Streifen aus.

**Welche Entfernung haben die Planeten zur Sonne?
Forsche in Sachbüchern oder im Internet.**

 Klebe die Planeten auf die passenden Streifen.

 Hefte die Streifen mit einer Musterbeutelklammer erst an die Sonne und dann an dein Lapbook.

Entfernung zur Sonne:
58 000 000 km
Um von der Erde zu dem
Planeten zu kommen, braucht
man schätzungsweise 7 Jahre,
1 Monat und 17 Tage.

Entfernung zur Sonne:
108 000 000 km
Um von der Erde zu dem
Planeten zu kommen, braucht
man schätzungsweise 5 Monate
und 2 Tage.

Entfernung zur Sonne:
150 000 000 km

Entfernung zur Sonne:
228 000 000 km
Um von der Erde zu dem
Planeten zu kommen, braucht
man schätzungsweise 6 Monate
und 21 Tage.

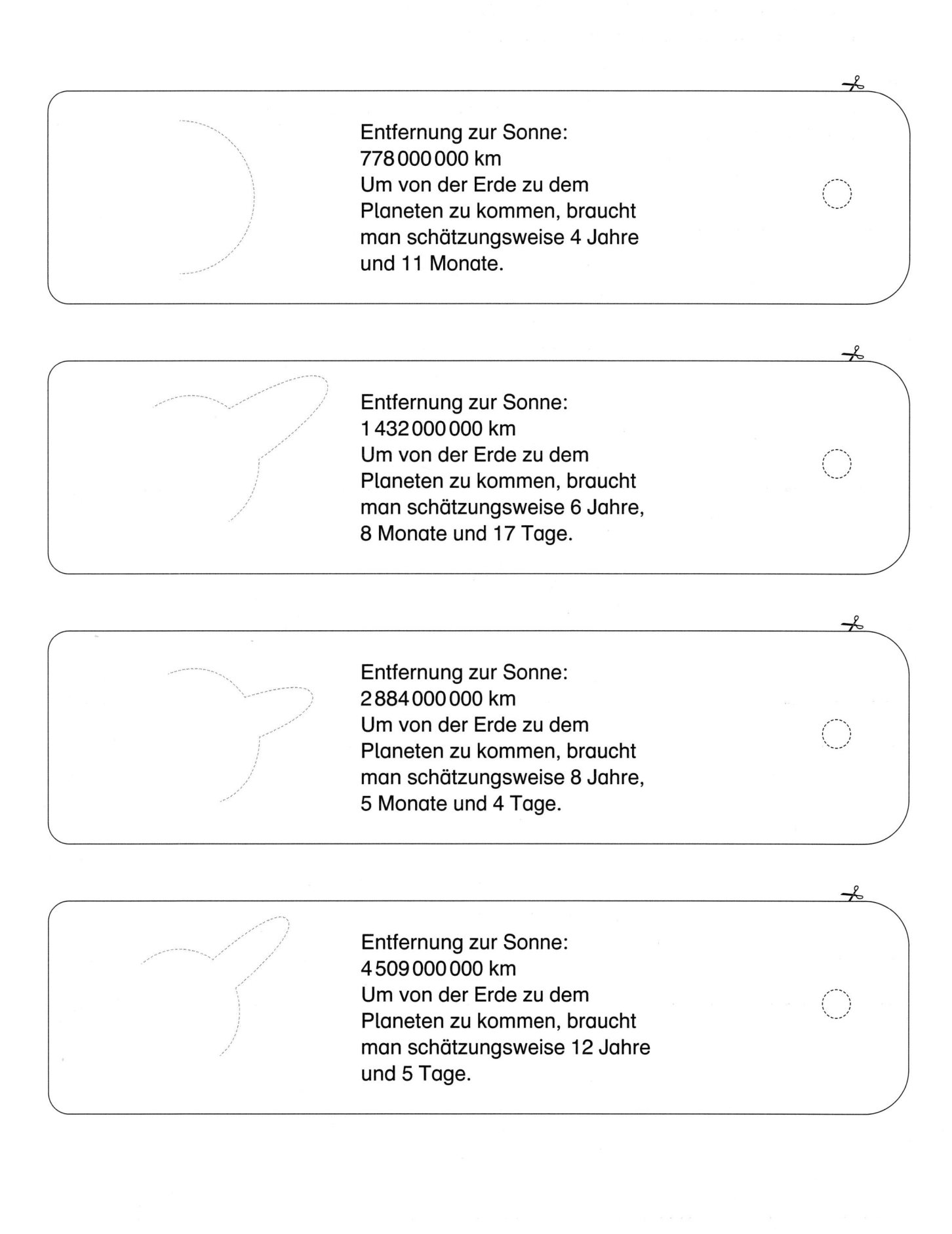

Weltall, Planeten und Sterne – Die Planeten in der Umlaufbahn 2

Entfernung zur Sonne:
778 000 000 km
Um von der Erde zu dem Planeten zu kommen, braucht man schätzungsweise 4 Jahre und 11 Monate.

Entfernung zur Sonne:
1 432 000 000 km
Um von der Erde zu dem Planeten zu kommen, braucht man schätzungsweise 6 Jahre, 8 Monate und 17 Tage.

Entfernung zur Sonne:
2 884 000 000 km
Um von der Erde zu dem Planeten zu kommen, braucht man schätzungsweise 8 Jahre, 5 Monate und 4 Tage.

Entfernung zur Sonne:
4 509 000 000 km
Um von der Erde zu dem Planeten zu kommen, braucht man schätzungsweise 12 Jahre und 5 Tage.

Weltall, Planeten und Sterne – Die Planeten in der Umlaufbahn 3

Weltall, Planeten und Sterne – Planetensteckbriefe 1

 Schneide die Karten aus.

 Forsche zu den Planeten unseres Sonnensystems in Sachbüchern oder im Internet.
Fülle die Steckbriefe aus.

 Male die Planeten an.

 Nimm dir eine Schnur und für jede Karte eine kleine Wäscheklammer.
Hefte die Bilder und Texte an die Schnur.

 Klebe die Schnur auf dein Lapbook.

👑 **Für zukünftige Astronautinnen und Astronauten: Welche Besonderheiten haben die acht Planeten? Schreibe es auf die Rückseite der Karten.**

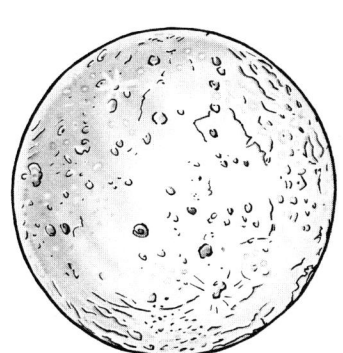

Der Merkur

Durchmesser: _____

Temperatur: _____

Anzahl der Monde: _____

Entfernung zur Sonne: _____

Planetenart: _____

So lange dauert eine Drehung

um sich selbst: _____

So lange dauert eine Drehung

um die Sonne: _____

Besonderheit: _____

Die Venus

Durchmesser: _____

Temperatur: _____

Anzahl der Monde: _____

Entfernung zur Sonne: _____

Planetenart: _____

So lange dauert eine Drehung

um sich selbst: _____

So lange dauert eine Drehung

um die Sonne: _____

Besonderheit: _____

Weltall, Planeten und Sterne – Planetensteckbriefe 2

Die Erde

Durchmesser: _____

Temperatur: _____

Anzahl der Monde: _____

Entfernung zur Sonne: _____

Planetenart: _____

So lange dauert eine Drehung

um sich selbst: _____

So lange dauert eine Drehung

um die Sonne: _____

Besonderheit: _____

Der Mars

Durchmesser: _____

Temperatur: _____

Anzahl der Monde: _____

Entfernung zur Sonne: _____

Planetenart: _____

So lange dauert eine Drehung

um sich selbst: _____

So lange dauert eine Drehung

um die Sonne: _____

Besonderheit: _____

Der Jupiter

Durchmesser: _____

Temperatur: _____

Anzahl der Monde: _____

Entfernung zur Sonne: _____

Planetenart: _____

So lange dauert eine Drehung

um sich selbst: _____

So lange dauert eine Drehung

um die Sonne: _____

Besonderheit: _____

Weltall, Planeten und Sterne – Planetensteckbriefe 3

Der Saturn

Durchmesser: _____

Temperatur: _____

Anzahl der Monde: _____

Entfernung zur Sonne: _____

Planetenart: _____

So lange dauert eine Drehung

um sich selbst: _____

So lange dauert eine Drehung

um die Sonne: _____

Besonderheit: _____

Der Uranus

Durchmesser: _____

Temperatur: _____

Anzahl der Monde: _____

Entfernung zur Sonne: _____

Planetenart: _____

So lange dauert eine Drehung

um sich selbst: _____

So lange dauert eine Drehung

um die Sonne: _____

Besonderheit: _____

Der Neptun

Durchmesser: _____

Temperatur: _____

Anzahl der Monde: _____

Entfernung zur Sonne: _____

Planetenart: _____

So lange dauert eine Drehung

um sich selbst: _____

So lange dauert eine Drehung

um die Sonne: _____

Besonderheit: _____

© PERSEN Verlag

Weltall, Planeten und Sterne – Gas- und Gesteinsplaneten 1

 Lies die Lesekarte „Gasplaneten und Gesteinsplaneten".

 Schneide die Taschen aus.

 Falte sie und klebe sie auf dein Lapbook.

 Schneide die Kärtchen aus.

Sortiere sie in die Taschen.

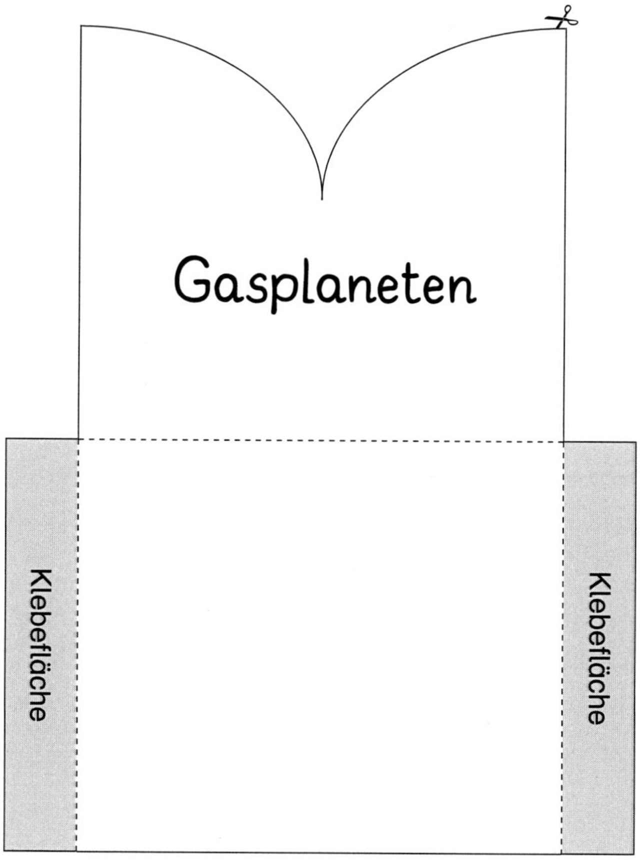

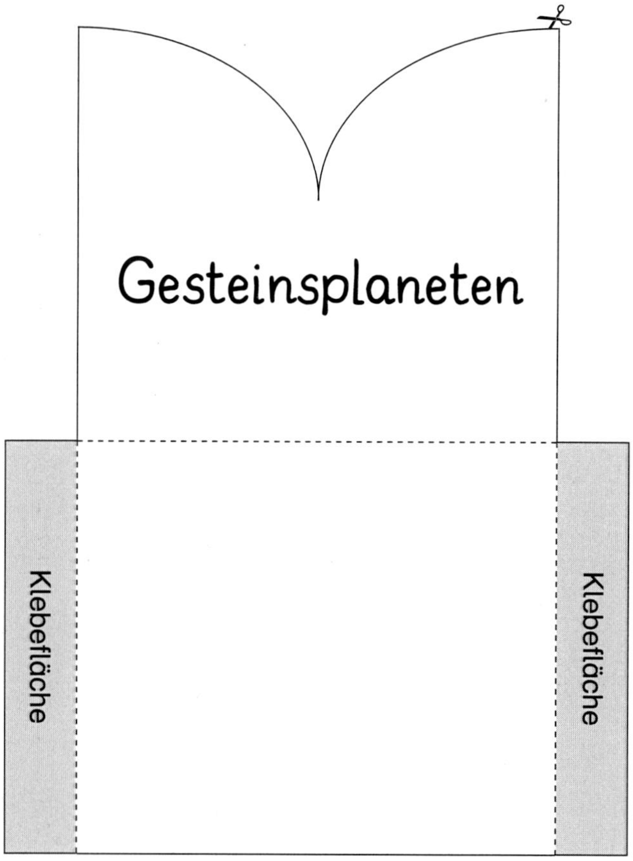

Weltall, Planeten und Sterne – Gas- und Gesteinsplaneten 2

Merkur	Venus	Erde
Mars	Jupiter	Saturn
Uranus	Neptun	Die Planeten haben eine feste Oberfläche.
Die Planeten bestehen aus Gas.	Sie bestehen hauptsächlich aus den Gasen Helium und Wasserstoff.	Sie bestehen aus Mineralien und Gesteinen.
Die Planeten haben einen Kern, einen Mantel und eine Kruste.	Es ist auf der Oberfläche sehr kalt.	Sie haben viele Monde.

Weltall, Planeten und Sterne – Besonderheiten der Planeten 1

 Schneide das Taschen-Leporello aus.
Falte das Leporello und falte die Laschen nach oben.

 Schneide die Textkarten und Bilder aus.
Stecke sie in die richtige Lasche.
Forsche dazu in Sachbüchern oder im Internet.

Du kannst zum Beispiel hier schauen:
https://www.learningbase.de/get-link/985

 Klebe das Leporello auf dein Lapbook.
(Achtung: Nur die Rückseite der letzten Lasche bekleben!)

 Schreibe die Überschrift „Die Besonderheiten unserer Planeten" neben die Form.

♕ **Für zukünftige Astronautinnen und Astronauten:** Forsche weiter zu den Planeten und schreibe auf die Blanko-Karten, was du herausgefunden hast.

Erde	Venus	Merkur

Klebefläche

26 © PERSEN Verlag

Weltall, Planeten und Sterne – Besonderheiten der Planeten 2

Saturn	Jupiter	Mars

Klebefläche

Neptun	Uranus

© PERSEN Verlag

Weltall, Planeten und Sterne – Besonderheiten der Planeten 3

		Er wurde nach dem römischen Gott des Meeres benannt. *Neptun*
Er ist der kleinste Planet des Sonnensystems. *Merkur*	Er schrumpft langsam. *Merkur*	Der Planet besitzt ein Ringsystem, das einzigartig ist. *Saturn*
Die Temperaturunterschiede zwischen Tag und Nacht liegen bei über 500 Grad Celsius. *Merkur*	Die Tage auf diesem Planeten sind nur 9,8 Stunden lang. *Jupiter*	Er ist der schnellste Planet und braucht nur 88 Tage, um die Sonne zu umkreisen. *Merkur*
Hier herrschen am Tag Temperaturen von 460 Grad Celsius. *Venus*	Er wird auch „Eisriese" genannt, da es im Inneren ein großes Eisvorkommen gibt. *Uranus*	Der Name stammt von der römischen Liebesgöttin. *Venus*

Weltall, Planeten und Sterne – Besonderheiten der Planeten 4

Für eine Drehung um sich selbst braucht er gerade mal 9 Stunden, 55 Minuten und 30 Sekunden. *Jupiter*	Es gibt tornadoartige Staubwirbel mit einem Durchmesser von einem Kilometer auf diesem Planeten. *Mars*	Dieser Planet braucht ein Jahr, um die Sonne zu umkreisen. *Erde*
Er wird aufgrund seiner blutroten Farbe als „roter Planet" bezeichnet. *Mars*	Auf diesem Planeten gibt es den höchsten Berg im Sonnensystem. Er ist 27 km hoch. *Mars*	Es regnet Schwefelsäure, die ätzend ist. *Venus*
Im Sommer bleibt es auf dem Planeten rund 40 Tage lang hell. *Uranus*	Einige seiner Monde bestehen aus gefrorenem Wasser. *Saturn*	Er ist der größte Planet. *Jupiter*
Er ist der einzige Planet, auf dem es Leben gibt. *Erde*	Dieser Planet hat die meisten Monde. *Jupiter*	Er wird auch Königsstern genannt. *Jupiter*
Die Blitze auf diesem Planeten sind eine Millionen Mal stärker als bei uns auf der Erde. *Saturn*	Es gibt gasförmiges, flüssiges und festes Wasser. *Erde*	Auf diesem Planeten gibt es Stürme mit über 2000 Kilometern pro Stunde. *Neptun*

Weltall, Planeten und Sterne – Aufbau unserer Erde 1

 Schneide die Kreise aus.

**Die Erde besteht aus mehreren Schichten.
Sortiere die Kreise in der richtigen Reihenfolge.
Beginne mit der äußeren Schicht der Erde.**

 Hefte die Kreise mit einer Musterbeutelklammer an dein Lapbook.

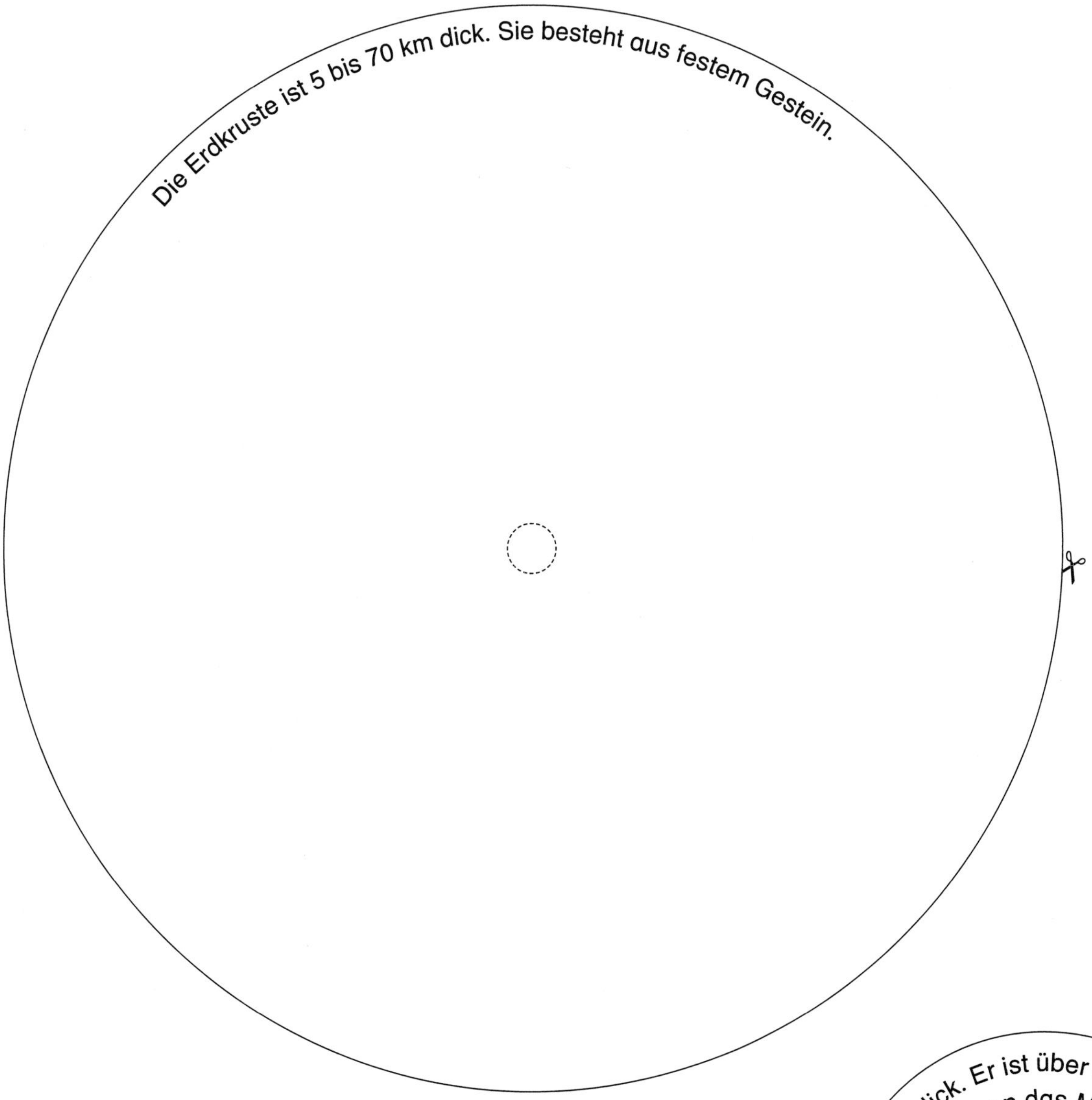

Die Erdkruste ist 5 bis 70 km dick. Sie besteht aus festem Gestein.

Der innere Kern ist 1 200 km dick. Er ist über 6 000 Grad Celsius heiß und fest. Die äußeren Schichten pressen das Material so stark zusammen, dass sich der Kern nicht verflüssigen kann.

Weltall, Planeten und Sterne – Aufbau unserer Erde 2

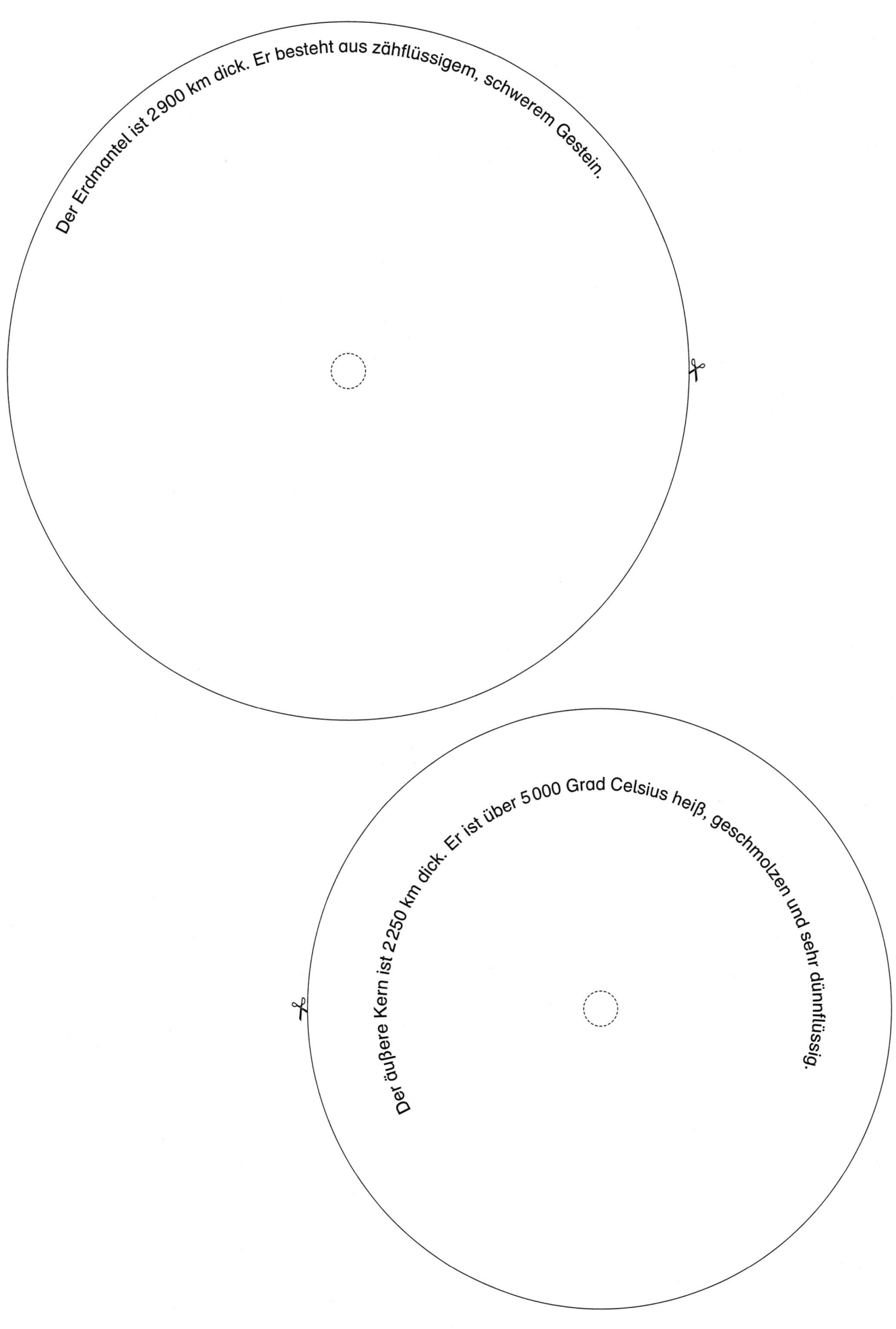

Der Erdmantel ist 2 900 km dick. Er besteht aus zähflüssigem, schwerem Gestein.

Der äußere Kern ist 2 250 km dick. Er ist über 5 000 Grad Celsius heiß, geschmolzen und sehr dünnflüssig.

Weltall, Planeten und Sterne – Der Zwergplanet Pluto

 Schneide die Vorlagen aus.

Falte sie. Falte sie wieder auseinander.

 Verbinde die Satzteile.

Klappe die Formen zusammen.

  Gestalte Deckblätter und klebe die Formen auf dein Lapbook.

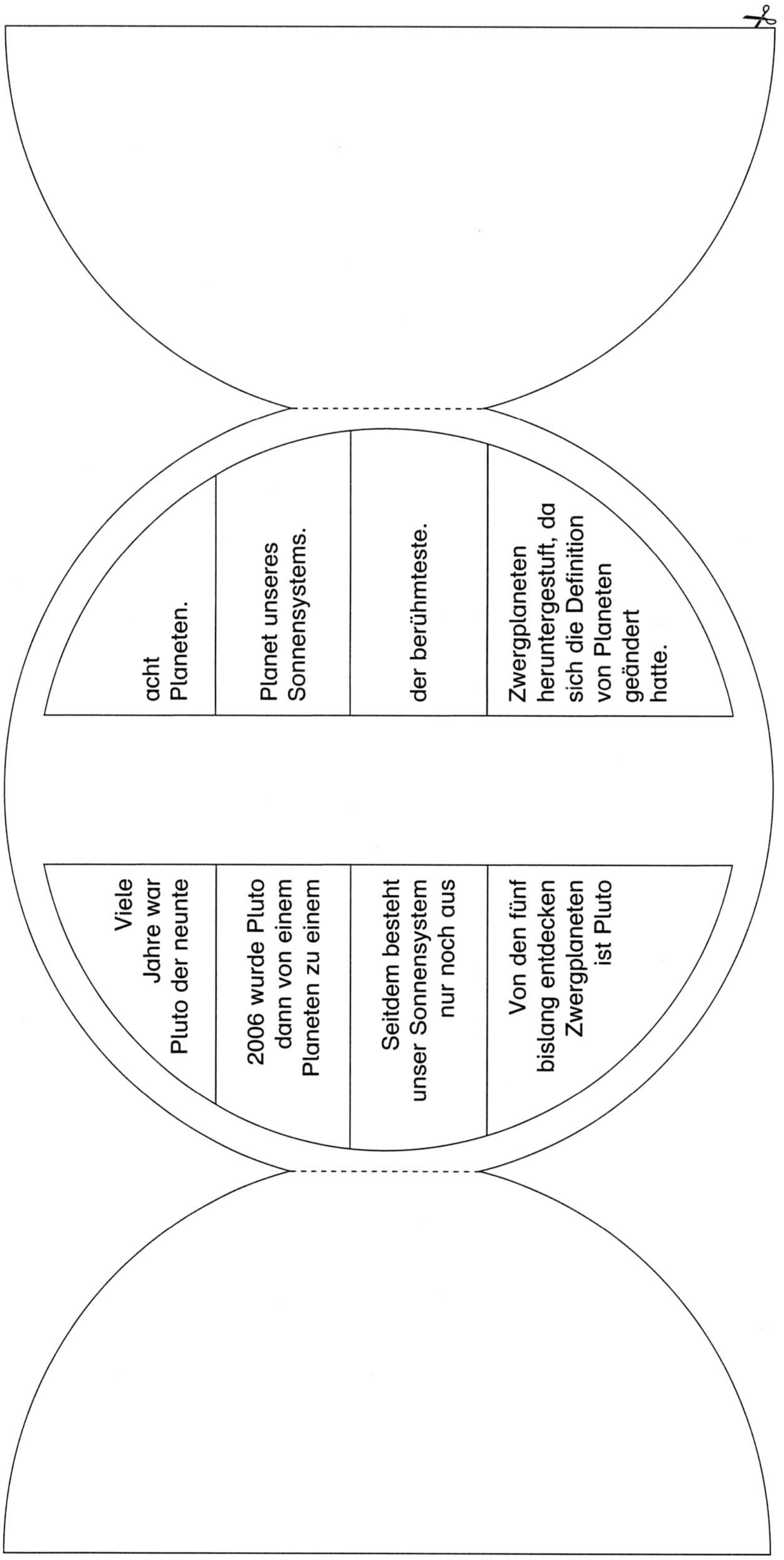

Obere Hälfte (oben nach unten):
- acht Planeten.
- Planet unseres Sonnensystems.
- der berühmteste.
- Zwergplaneten heruntergestuft, da sich die Definition von Planeten geändert hatte.

Untere Hälfte:
- Viele Jahre war Pluto der neunte
- 2006 wurde Pluto dann von einem Planeten zu einem
- Seitdem besteht unser Sonnensystem nur noch aus
- Von den fünf bislang entdecken Zwergplaneten ist Pluto

Weltall, Planeten und Sterne – Der Zwergplanet Pluto

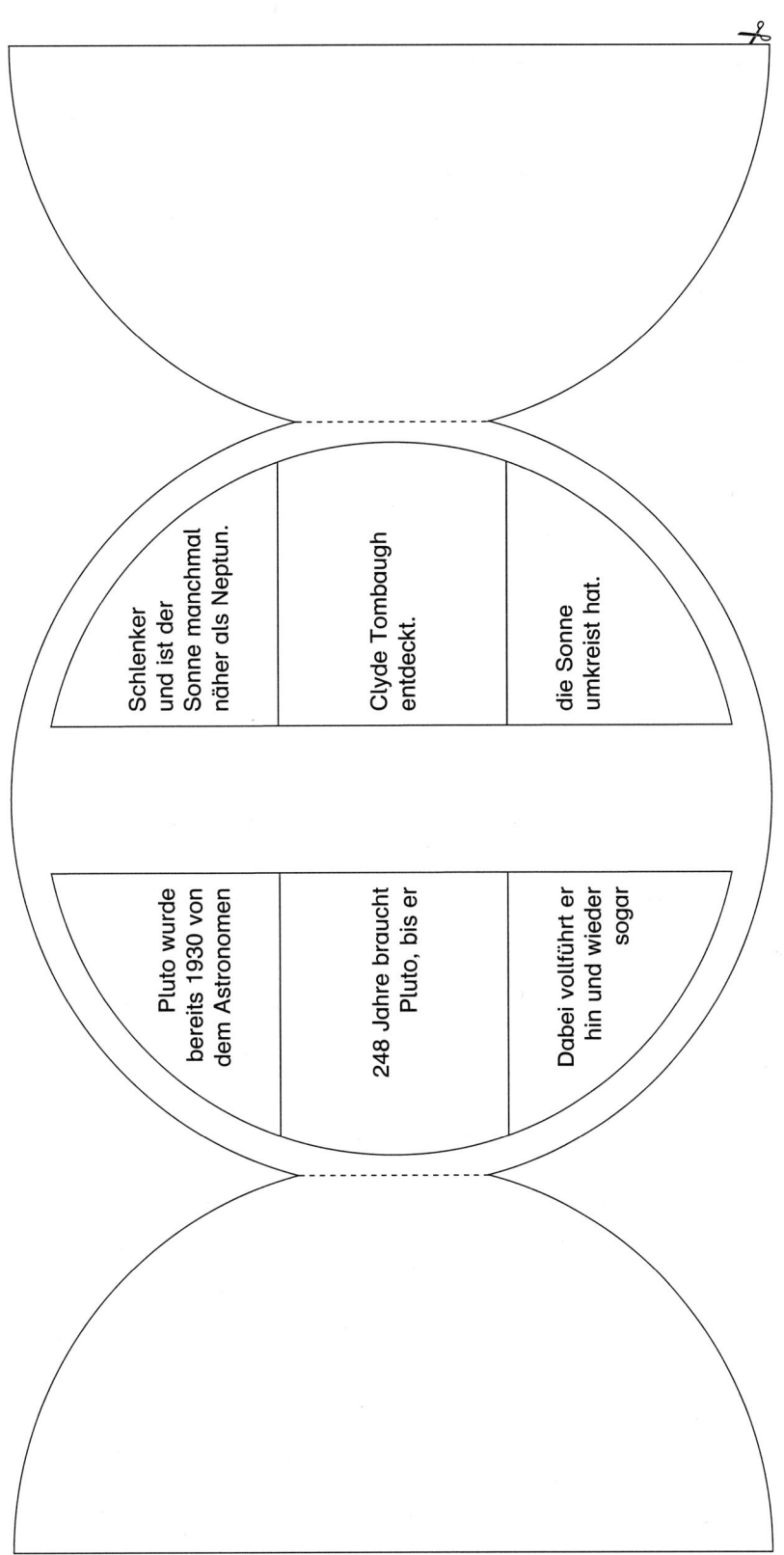

Weltall, Planeten und Sterne – Der Mond

 Lies die Lesekarte „Der Mond".

 Schneide die Vorlagen aus.
Schneide den Steg der Karte nach Vorgabe aus.

Falte die Karte.

 Klebe den Mond auf den Steg.

 Beantworte die Fragen.

Klappe die Karte zusammen.

 Schreibe die Überschrift „Der Begleiter der Erde" auf das Deckblatt.

 Gestalte ein Deckblatt und klebe die Karte auf dein Lapbook.

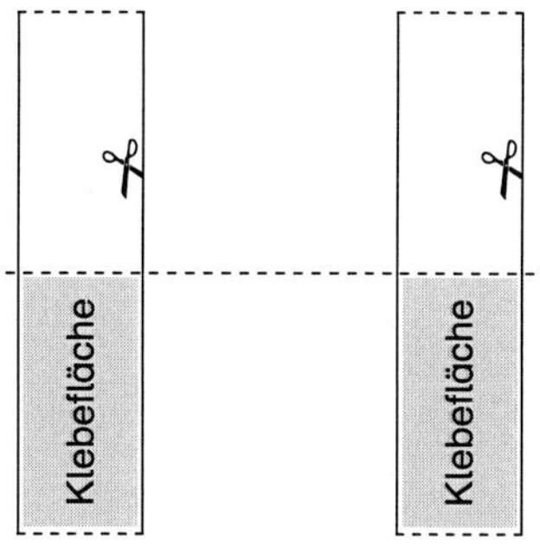

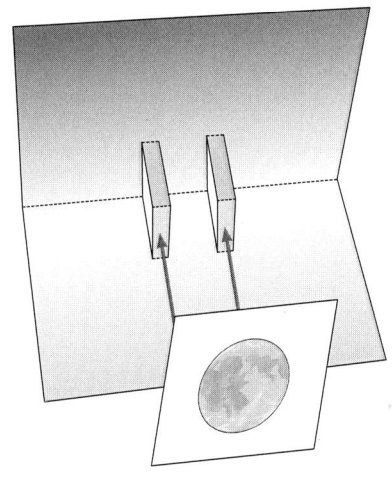

Sind Sonne und Mond gleich groß? _____

Was sind die Flecken auf dem Mond?

_____

_____

Wie ist der Mond entstanden?

_____

_____

Weltall, Planeten und Sterne – Die Mondphasen 1

 Schneide die Vorlagen aus.

 Setze die Kreise richtig zusammen.

 Hefte die Kreise mit einer Musterbeutelklammer auf dein Lapbook.

- Zunehmende Sichel
- Neumond
- Vollmond
- Letztes Viertel (Halbmond)
- Zunehmender Mond
- Abnehmender Mond
- Erstes Viertel (Halbmond)
- Abnehmende Sichel

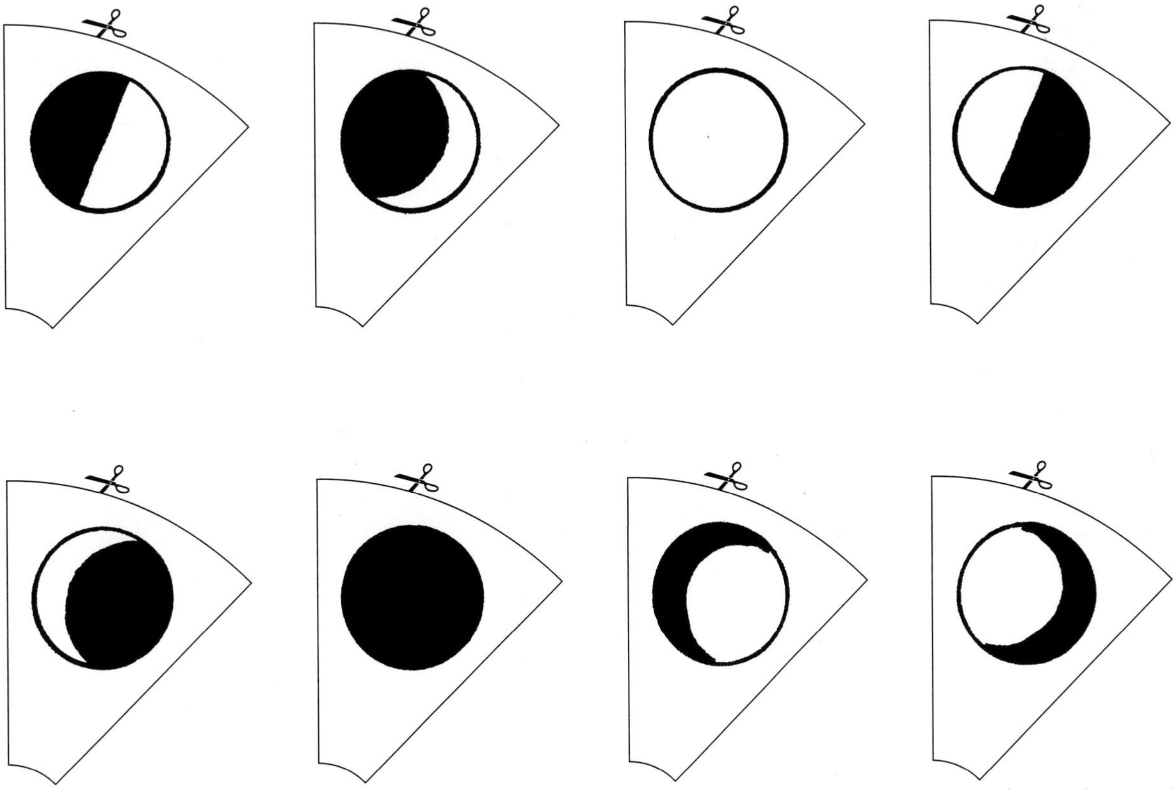

Weltall, Planeten und Sterne – Die Mondphasen 2

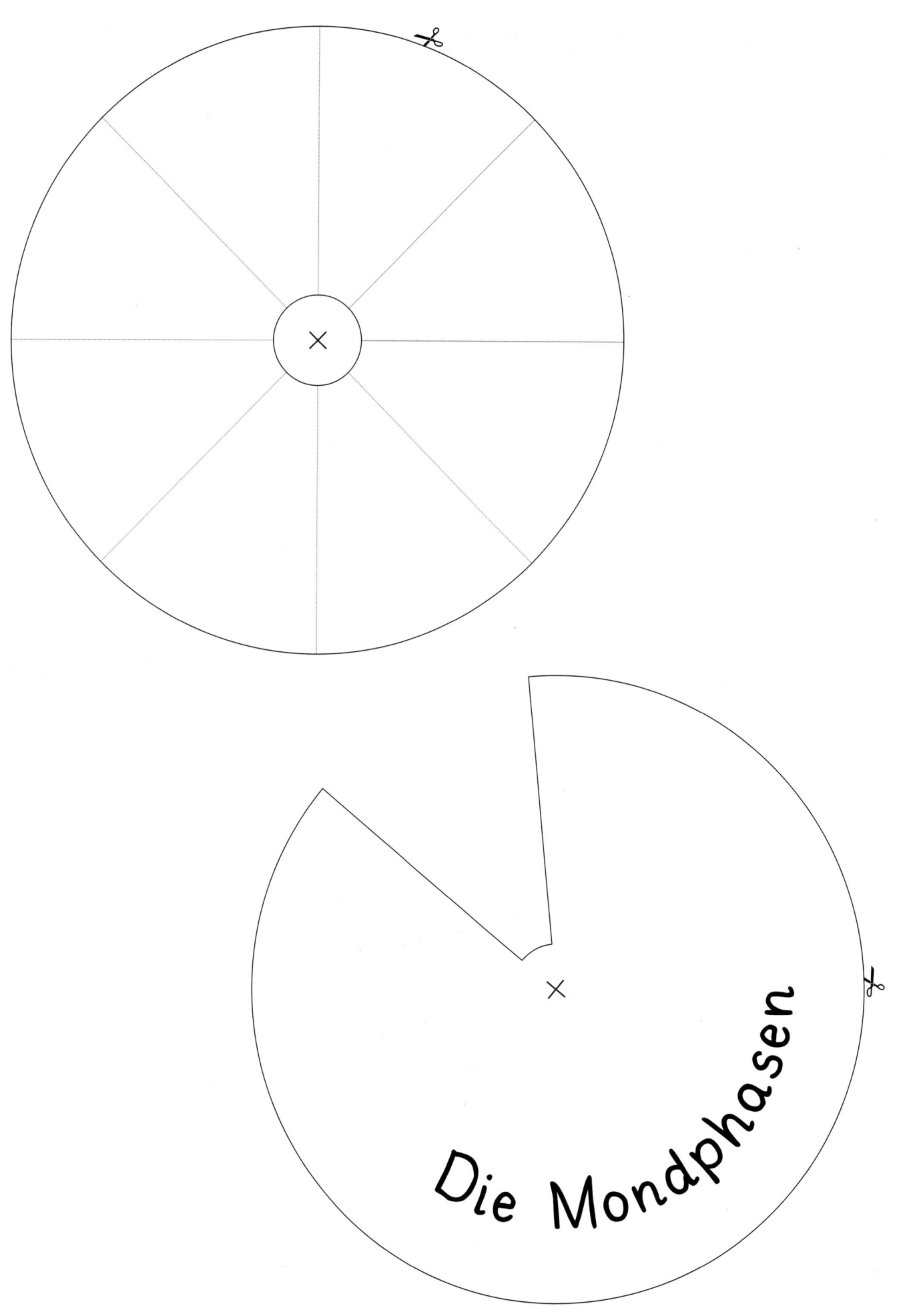

Weltall, Planeten und Sterne – Sterne am Himmel 1

- 📖 Lies die Lesekarte „Sterne am Himmel".
- ✏️ Beantworte die Fragen auf den Heftseiten.
- ✂️ Schneide die Seiten aus.
- 🖌️ Klebe sie so zusammen, dass ein kleines Heft entsteht.
- 🖌️ Klebe das Heft in dein Lapbook.

Sterne am Himmel

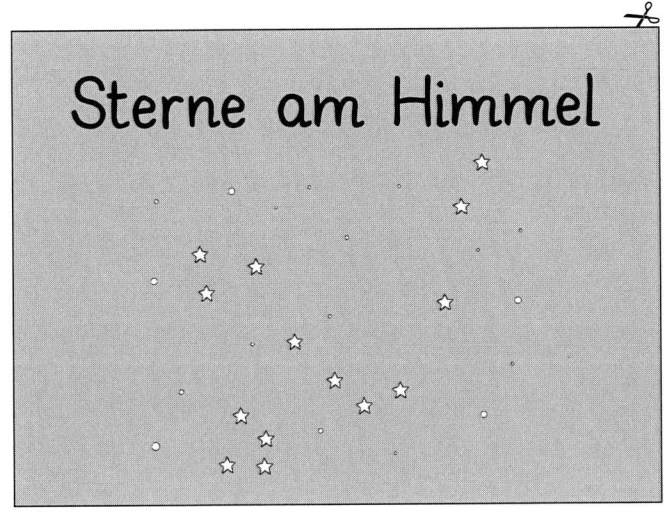

Deckblatt

Klebefläche

Was ist ein Stern?

Seite 1

Klebefläche

Was passiert auf einem Stern?

Seite 2

Weltall, Planeten und Sterne – Sterne am Himmel 2

Klebefläche

Wie viele Sterne gibt es? Wie viele kann man mit bloßem Augen sehen?

Seite 3

Klebefläche

Wie heißt der Stern in unserem Sonnensystem?

Seite 4

Klebefläche

Kann ich das Licht eines Sterns am Himmel sehen, obwohl dieser schon erloschen ist?

Seite 5

Weltall, Planeten und Sterne – Ein Sternenleben 1

✂ **Schneide die Vorlage aus.
Falte die Vorlage nach Anleitung.**

✏ **Fülle die Heftseiten.**

📎 **Hefte das Buch mit einer Büroklammer an dein Lapbook.**

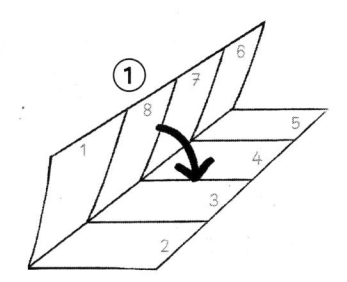

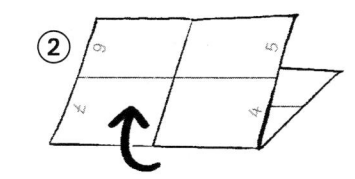

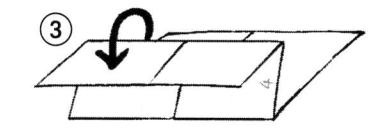

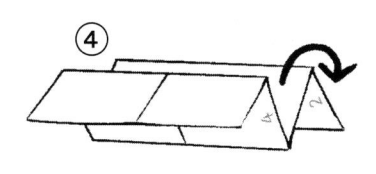

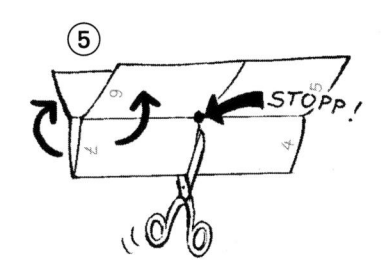

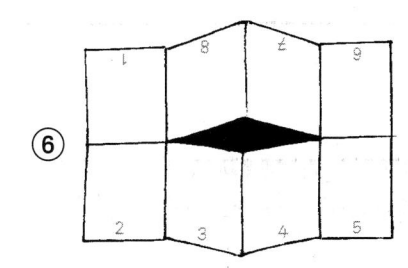

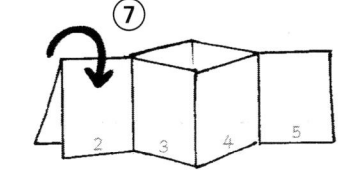

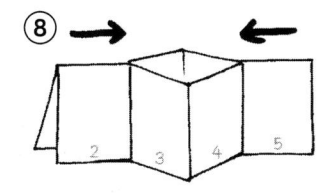

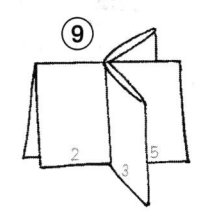

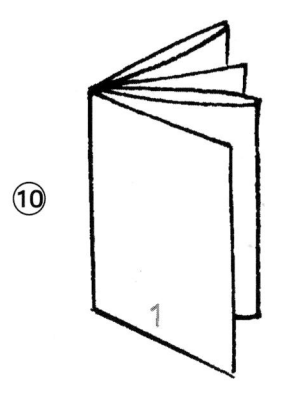

Weltall, Planeten und Sterne – Ein Sternenleben 2

Das Entstehen und Erlöschen eines Sterns

1. Sterne entstehen in einer riesigen Ansammlung aus Staub und Gas. Male eine Gas- und Staubwolke.

2. Staub und Gas beginnen, sich mit hoher Geschwindigkeit zu drehen. Male eine Spirale mit zwei verschiedenen Farben: eine Farbe für Staub und eine für Gas.

3. Während dieser Umdrehung wird das Material in der Mitte stark zusammengepresst. Es wird extrem heiß. Male eine Spirale und in der Mitte die Hitze in den Farben Gelb und Orange.

4. Bei den extrem hohen Temperaturen entsteht durch einen chemischen Prozess Licht und Wärme. Die Teilchen verschmelzen und die Masse wird zum Leuchten gebracht. Male eine leuchtende Spirale.

5. Der Stern verliert viele Jahre später seine Energie und die Temperatur sinkt. Der Stern beginnt zu erlöschen. Jetzt brennt nur noch die Schale des Sterns. Male eine Spirale mit einer brennenden Schale.

6. Der Stern beginnt nun zu schrumpfen. Er fällt in sich zusammen. Leichte Sterne, deren Rest zu einem glühenden Ball wird, nennt man „weiße Zwerge". Male einen kleinen, glühenden Ball.

7. Das Leben eines schweren Sterns endet in der Riesenexplosion, einer Supernova. Male eine Explosion.

40

© PERSEN Verlag

Weltall, Planeten und Sterne – Sternbilder 1

✂ **Schneide die Vorlage und die Karten aus.**

🖍 **Klebe das Erzähltheater zusammen.**

✏ **Bearbeite die Karten. Forsche dazu in Sachbüchern oder im Internet.**
- Ist ein Sternbild abgebildet? Schreibe den Namen des Sternbildes in das Feld unten.
- Steht der Name eines Sternbilds auf der Karte? Male das Sternbild.
- Das ist ganz ähnlich wiebei den „Punkt-zu-Punkt-Bildern", bei denen Punkte zu einem Bild verbunden werden.

🖍 **Gestalte die Vorderseite des Theaters.**

✏ **Schreibe die Überschrift „Sternbilder" auf die Vorderseite.**

🖍 **Klebe das Theater auf dein Lapbook. Stecke die Karten in dein Theater.**

👑 **Für zukünftige Astronautinnen und Astronauten: Beschreibe die Sternbilder. Woran erinnern sie dich? Schreibe es auf die Rückseite der Karten.**

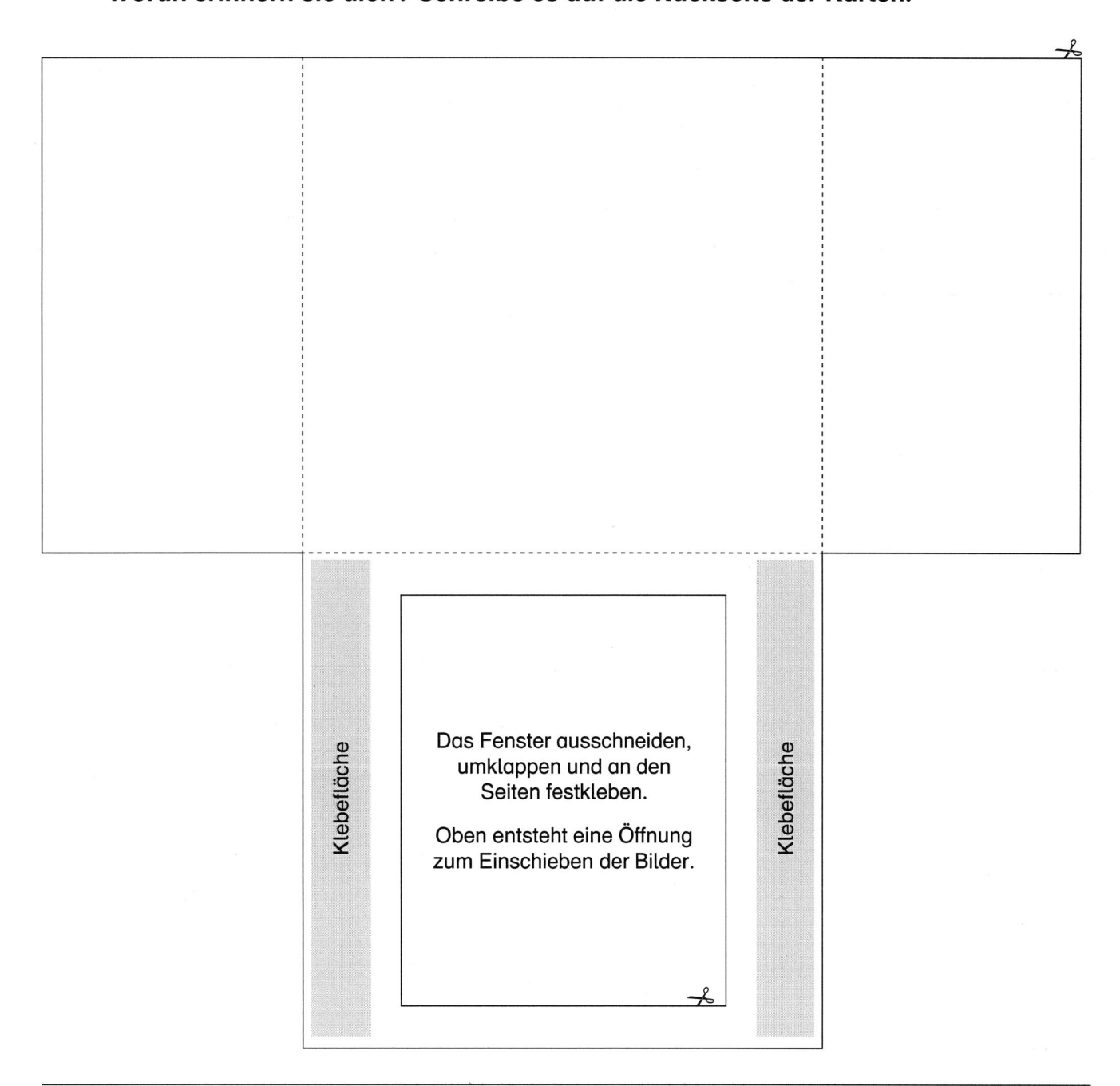

| Klebefläche | Das Fenster ausschneiden, umklappen und an den Seiten festkleben.

Oben entsteht eine Öffnung zum Einschieben der Bilder. | Klebefläche |

© PERSEN Verlag

Weltall, Planeten und Sterne – Sternbilder 2

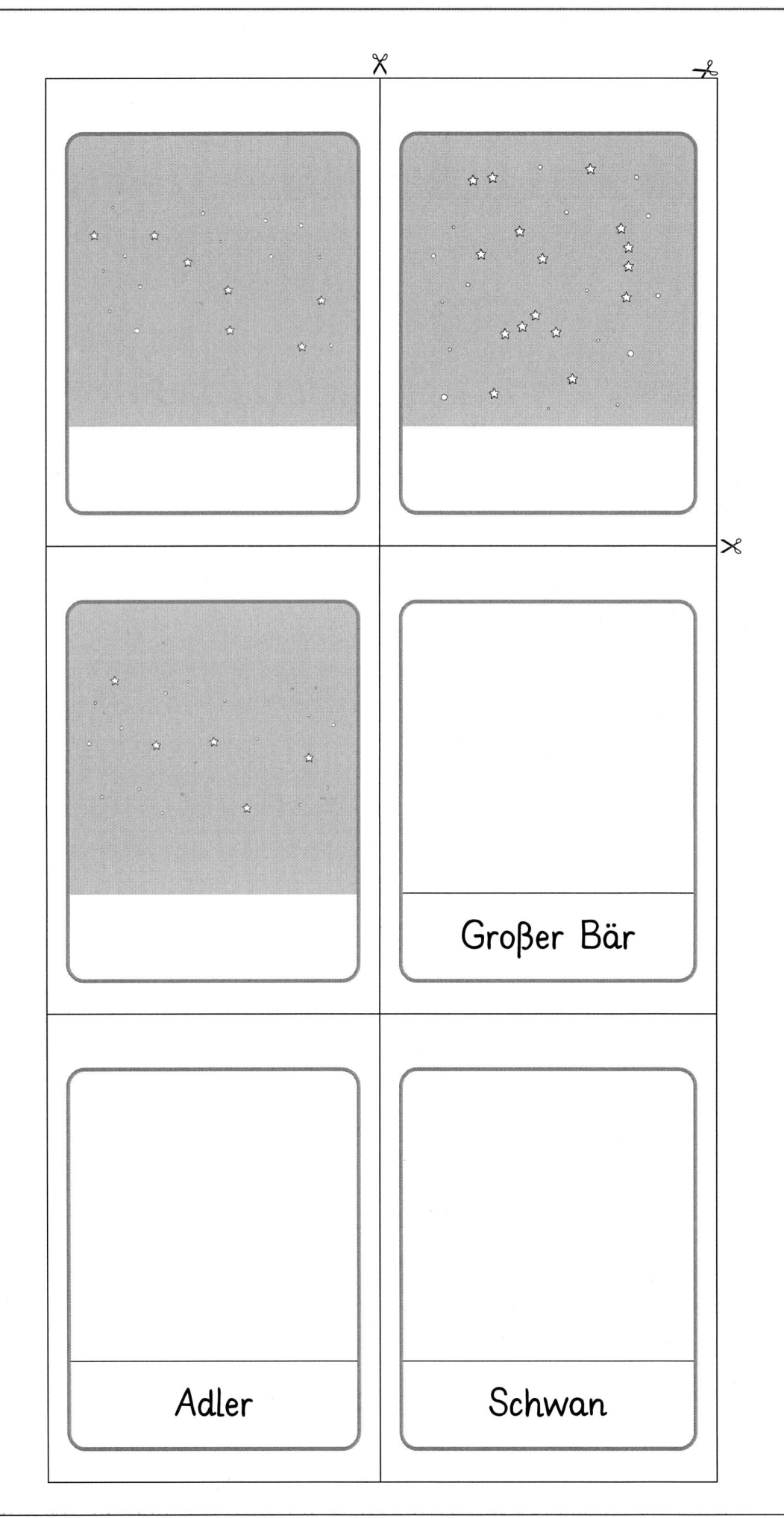

	Großer Bär
Adler	Schwan

Weltall, Planeten und Sterne – Sternbilder 3

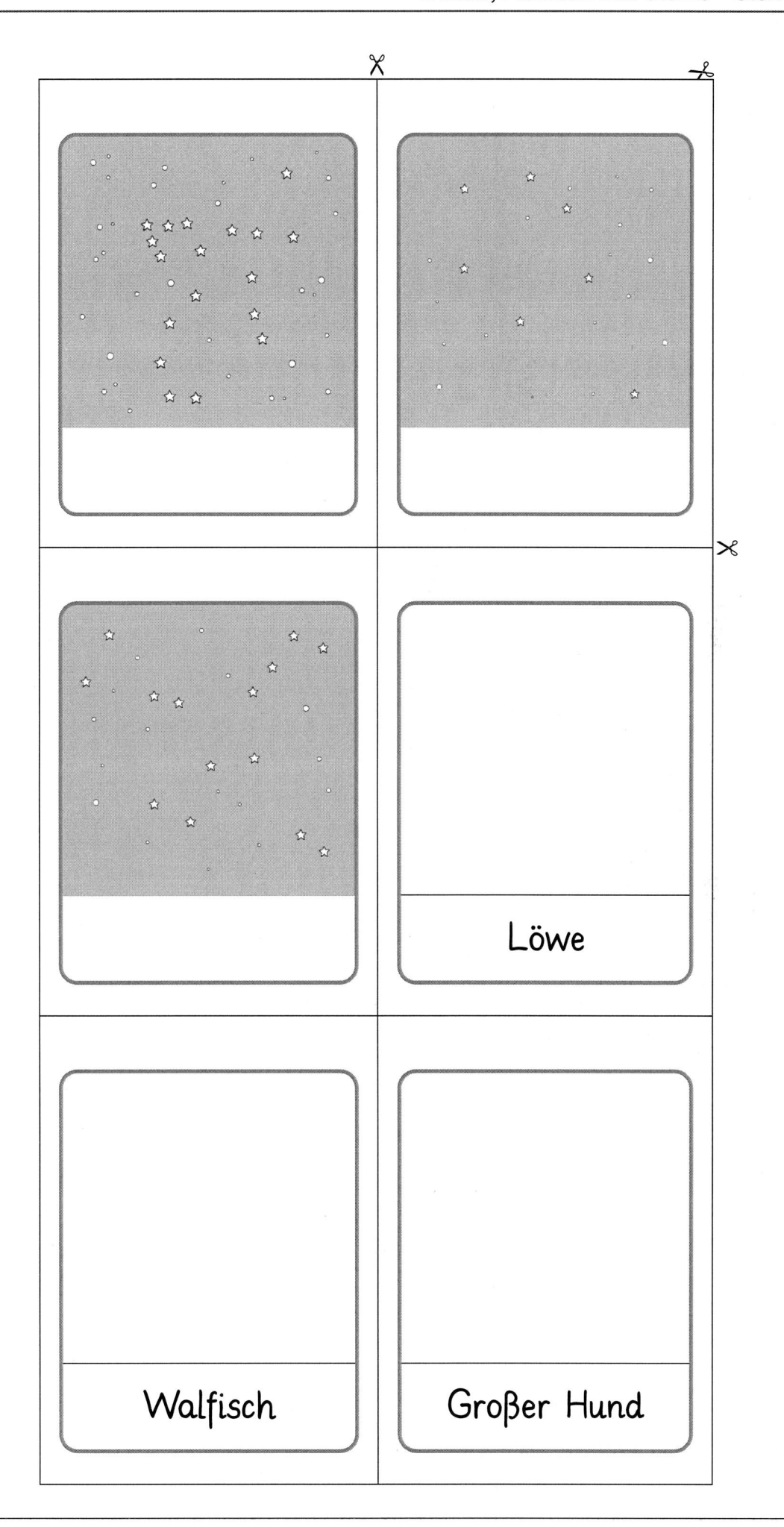

	Löwe
Walfisch	Großer Hund

Weltall, Planeten und Sterne – Die Sage von Orion

📖 Lies die Lesekarte „Die Sage von Orion".

✂️ Schneide die Vorlage aus. Falte sie.
Falte sie wieder auseinander.

✏️ Woher hat das Sternbild Orion seinen Namen?
Schreibe es in die Form.

🖍️ Falte die Form wieder zusammen und klebe sie auf dein Lapbook.

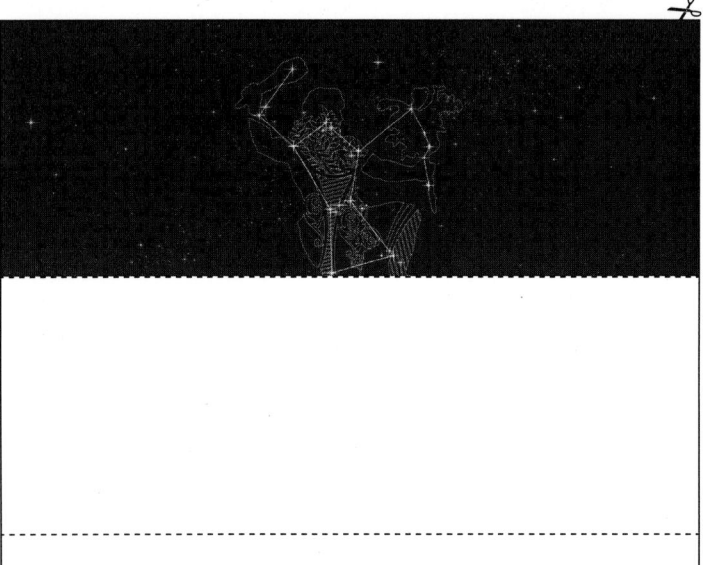

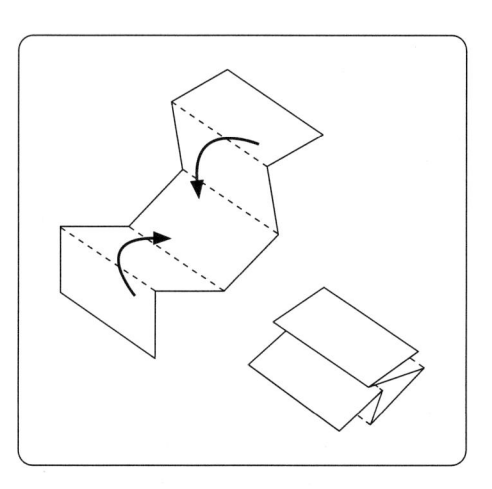

👑 Für zukünftige Astronautinnen und Astronauten: Was sind Orioniden? Schreibe es neben die Form auf dein Lapbook.

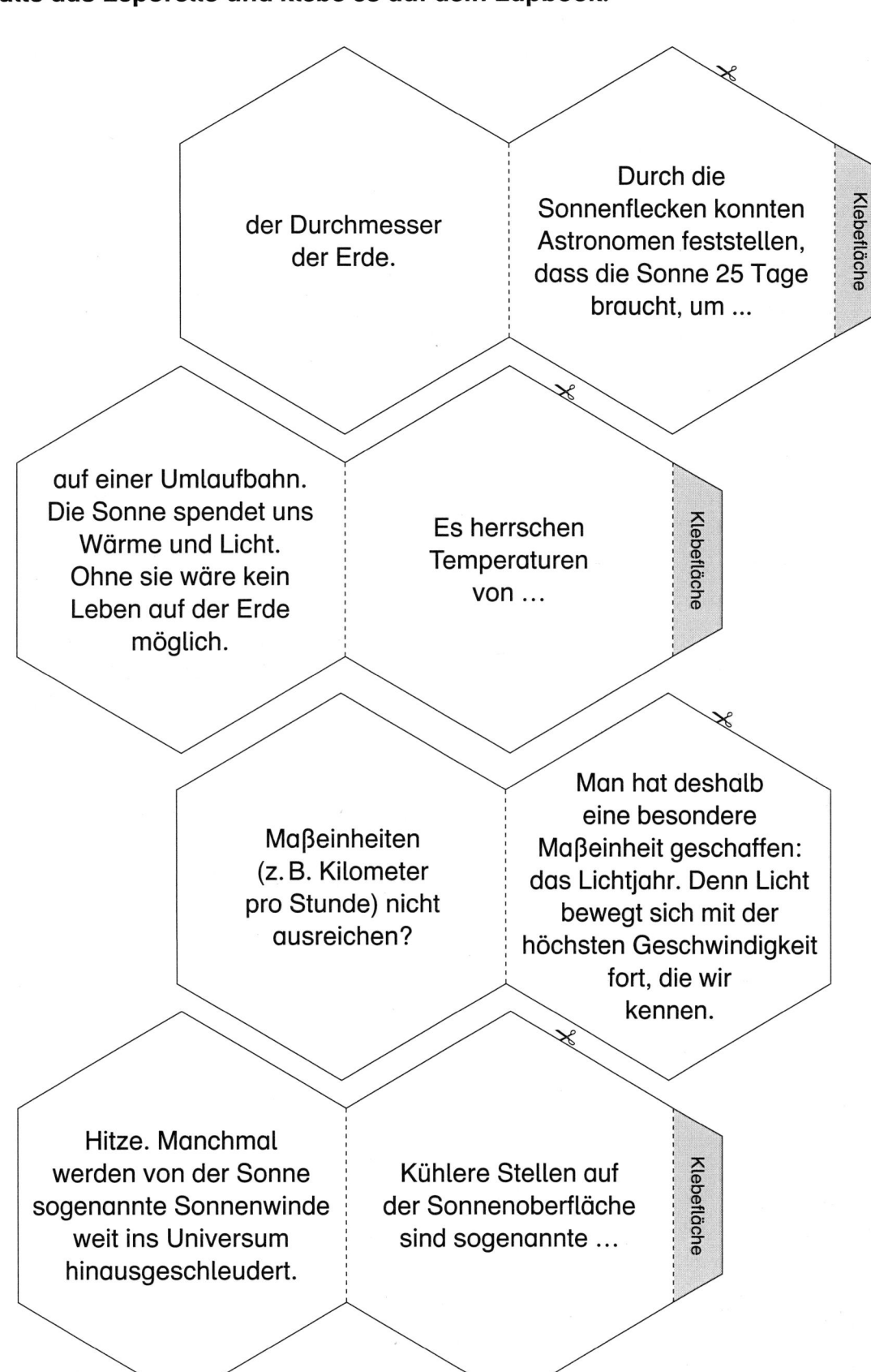

Weltall, Planeten und Sterne – Die Sonne und Sonnenaktivitäten 1

✂ **Schneide die Leporello-Vorlagen aus.**

📖 **Lies die Texte.**

🖍 **Klebe das Leporello in der richtigen Reihenfolge zusammen.**

🖍 **Falte das Leporello und klebe es auf dein Lapbook.**

---

der Durchmesser der Erde.

Durch die Sonnenflecken konnten Astronomen feststellen, dass die Sonne 25 Tage braucht, um … *Klebefläche*

auf einer Umlaufbahn. Die Sonne spendet uns Wärme und Licht. Ohne sie wäre kein Leben auf der Erde möglich.

Es herrschen Temperaturen von … *Klebefläche*

Maßeinheiten (z. B. Kilometer pro Stunde) nicht ausreichen?

Man hat deshalb eine besondere Maßeinheit geschaffen: das Lichtjahr. Denn Licht bewegt sich mit der höchsten Geschwindigkeit fort, die wir kennen.

Hitze. Manchmal werden von der Sonne sogenannte Sonnenwinde weit ins Universum hinausgeschleudert.

Kühlere Stellen auf der Sonnenoberfläche sind sogenannte … *Klebefläche*

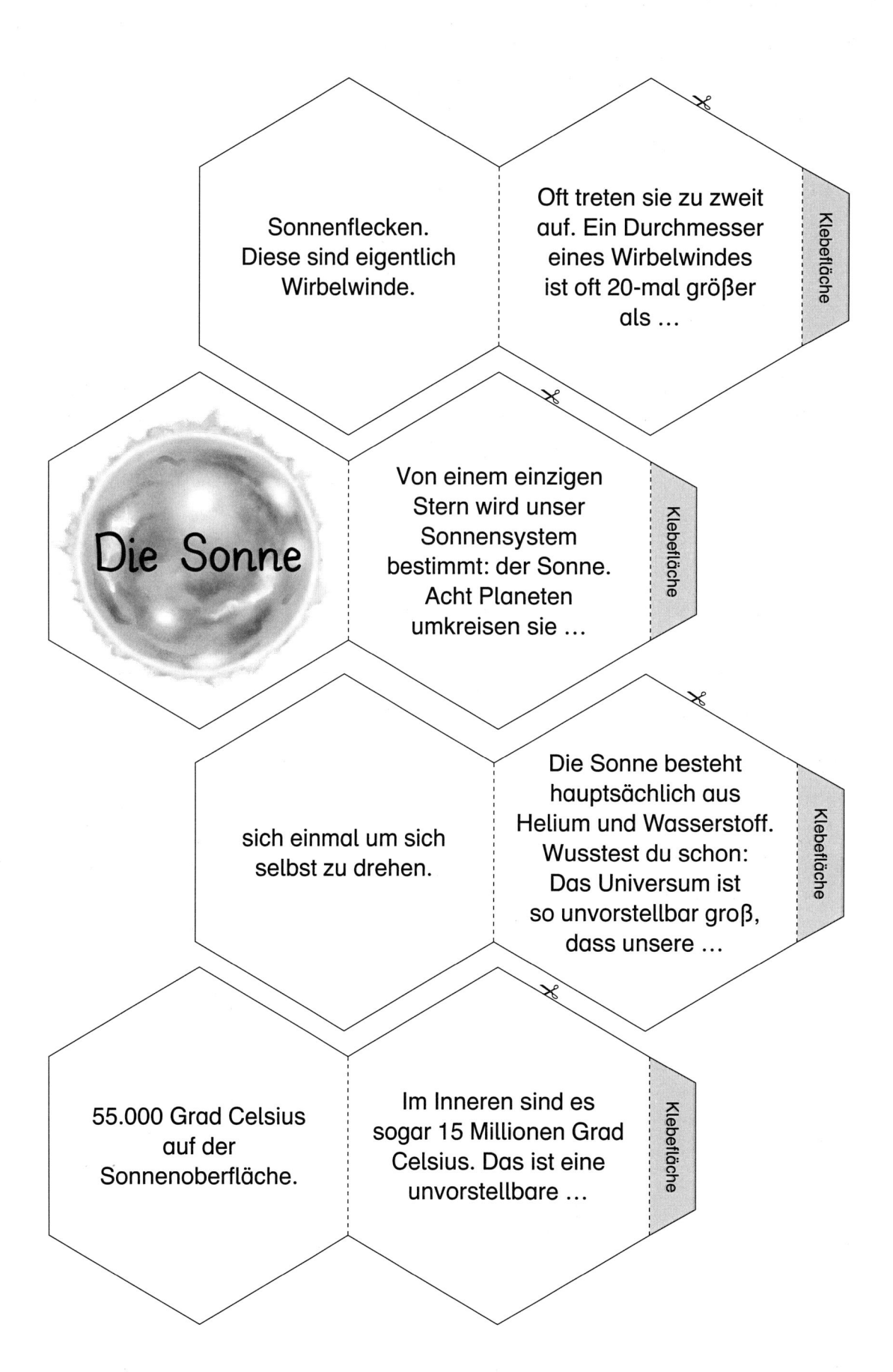

Weltall, Planeten und Sterne – Die Sonne und Sonnenaktivitäten 2

Die Sonne

Sonnenflecken. Diese sind eigentlich Wirbelwinde.

Oft treten sie zu zweit auf. Ein Durchmesser eines Wirbelwindes ist oft 20-mal größer als …

Von einem einzigen Stern wird unser Sonnensystem bestimmt: der Sonne. Acht Planeten umkreisen sie …

sich einmal um sich selbst zu drehen.

Die Sonne besteht hauptsächlich aus Helium und Wasserstoff. Wusstest du schon: Das Universum ist so unvorstellbar groß, dass unsere …

55.000 Grad Celsius auf der Sonnenoberfläche.

Im Inneren sind es sogar 15 Millionen Grad Celsius. Das ist eine unvorstellbare …

Klebefläche

Weltall, Planeten und Sterne – Sonnenfinsternis und Mondfinsternis 1

- Schneide die Vorlagen aus.
- Lies den Text und schaue dir die Bilder auf den Vorlagen an.
- Was passiert bei einer Sonnenfinsternis?
  Was passiert bei einer Mondfinsternis?
  Beschreibe es mit eigenen Worten.
- Falte die Formen und klebe sie auf dein Lapbook.

Sonnenfinsternis

Bei einer Sonnenfinsternis schiebt sich der Mond zwischen die Sonne und die Erde. Der Mond verdeckt so die Sonne. Ist die Sonne vollständig durch den Mond bedeckt, nennt man dies totale Sonnenfinsternis. Ist nur ein Teil der Sonne verdeckt, spricht man von einer partiellen oder teilweisen Sonnenfinsternis. Dies ist nur möglich, weil der Mond der Erde 400-mal näher ist als die Sonne. Ansonsten könnte der Mond die viel größere Sonne nicht bedecken.

Mondfinsternis

Zu einer Mondfinsternis kommt es, wenn sich die Erde genau zwischen den Mond und die Sonne schiebt. In diesem Moment befindet sich der Mond im Schatten der Erde und kann nicht mehr von der Sonne angestrahlt werden. Da jedoch immer ein wenig Sonnenlicht durch die Erdatmosphäre zum Mond gelangt, erscheint dieser dann orange.

Weltall, Planeten und Sterne – Sonnenfinsternis und Mondfinsternis 2

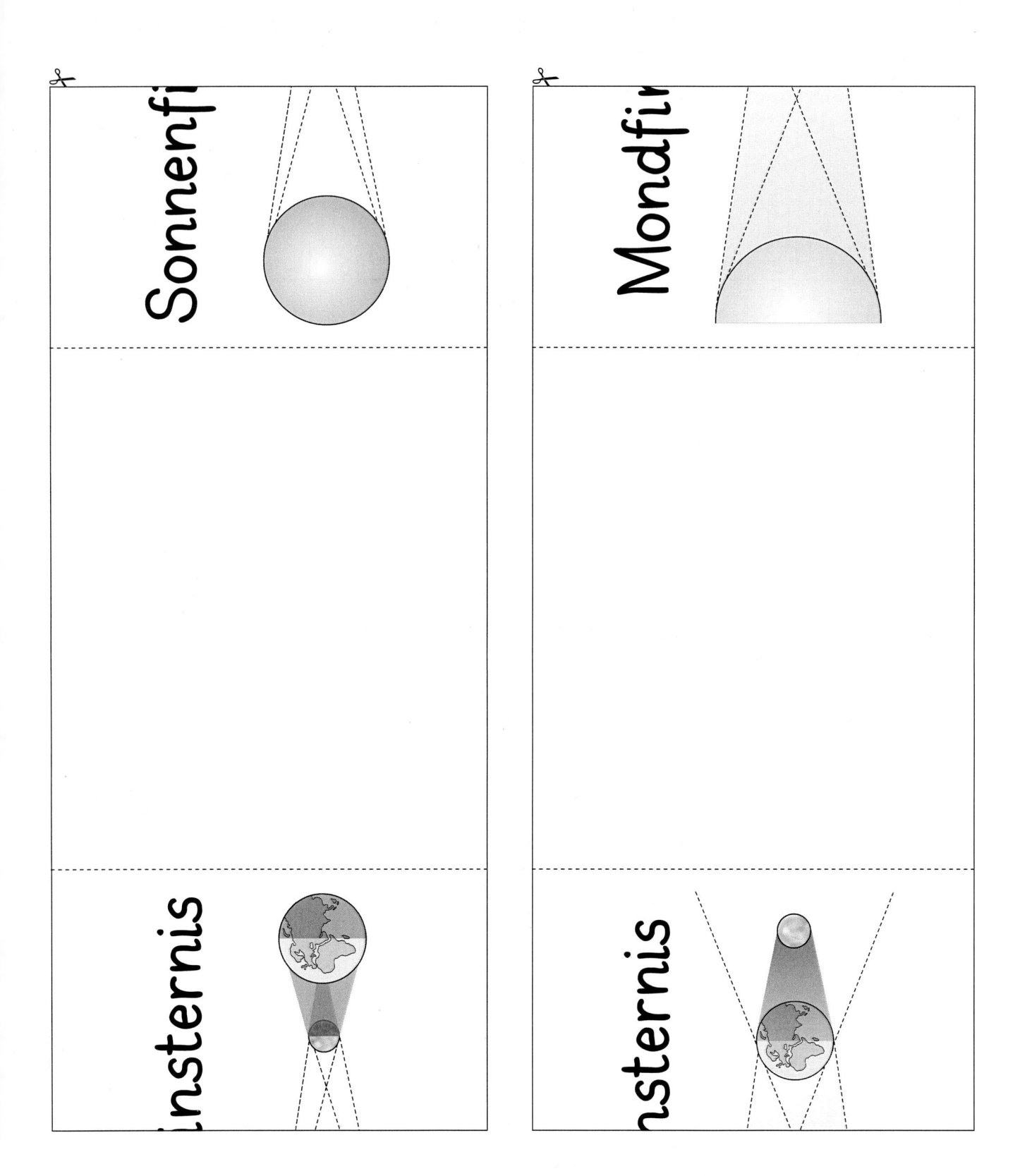

Weltall, Planeten und Sterne – Asteroiden, Meteoriten und Kometen 1

✂ **Schneide die Vorlagen aus.**

📝 **Beschreibe jeden Himmelskörper auf einem Blatt.**
Recherchiere in Sachbüchern oder im Internet zu Asteroiden, Meteoriten und Kometen.

Du kannst zum Beispiel hier schauen:

https://www.learningbase.de/get-link/986

https://www.learningbase.de/get-link/987

https://www.learningbase.de/get-link/988

🖌 **Klebe den Buchumschlag auf dein Lapbook.**
Lege die Blätter dazu.

Was durchs Weltall schießt

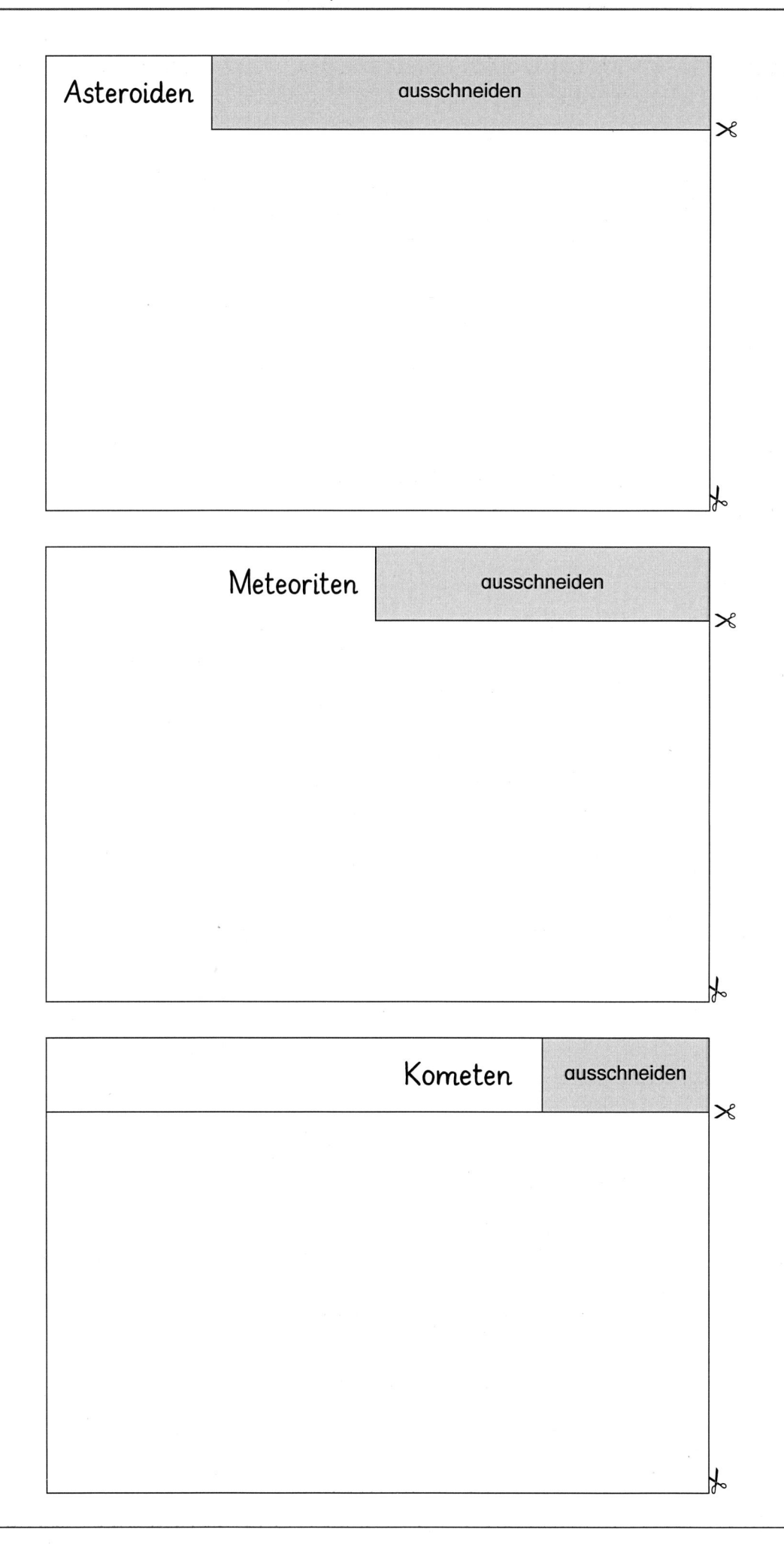

Weltall, Planeten und Sterne – Asteroiden, Meteoriten und Kometen 2

Asteroiden — ausschneiden

Meteoriten — ausschneiden

Kometen — ausschneiden

Weltall, Planeten und Sterne – Sternschnuppen

- ✂ **Schneide die Vorlage aus und falte sie, sodass der Text innen ist. Falte sie wieder auseinander.**
- 📖 **Lies den Text.**
- ✏ **Kreuze die richtigen Antworten an.**
- ✏ **Suche ein passendes Bild von einer Sternschnuppe und klebe es auf die Außenseite der Form.**
- ✏ **Du kannst auch ein Bild malen.**
- ✏ **Klebe die Vorlage auf dein Lapbook.**

Sternschuppen

Eine Sternschnuppe am Himmel wird von Wissenschaftlerinnen und Wissenschaftlern Meteor genannt. Mit hoher Geschwindigkeit dringt ein Meteorit in die Atmosphäre der Erde ein. Nachdem ein Meteorit in die Erdatmosphäre eingedrungen ist, wird er als Meteor bezeichnet. Die Atmosphäre wirkt auf ihn wie eine Bremse. Dabei verglüht der Meteor. Damit ein Meteor sichtbar ist, muss er mindestens so groß wie eine Stecknadel sein. Meteore verglühen innerhalb von Sekunden. Den Lichtstreifen, der beim Verglühen entsteht, sehen wir von der Erde aus.

Eine Sternschnuppe wird …
- ☐ Komet genannt.
- ☐ Meteor genannt.

Die Atmosphäre wirkt auf den Meteoriten wie eine …
- ☐ Bremse.
- ☐ Beschleunigung.

Damit er sichtbar ist, muss ein Meteor mindestens so groß wie …
- ☐ ein Staubkorn sein.
- ☐ eine Stecknadel sein.

Weltall, Planeten und Sterne – Die Milchstraße und andere Galaxien 1

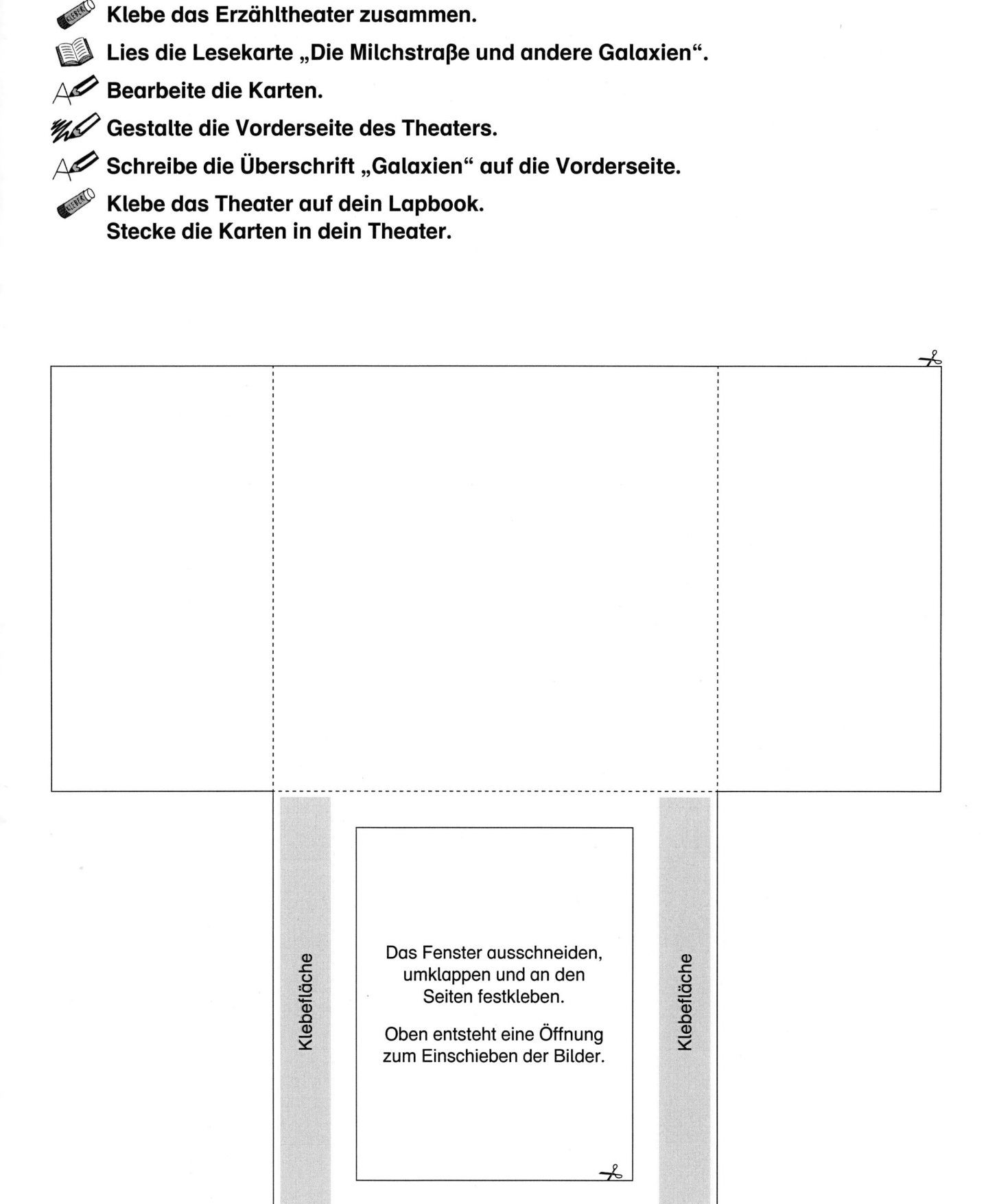

- ✂ Schneide die Vorlage und die Karten aus.
- 🖍 Klebe das Erzähltheater zusammen.
- 📖 Lies die Lesekarte „Die Milchstraße und andere Galaxien".
- ✏ Bearbeite die Karten.
- 🖍 Gestalte die Vorderseite des Theaters.
- ✏ Schreibe die Überschrift „Galaxien" auf die Vorderseite.
- 🖍 Klebe das Theater auf dein Lapbook. Stecke die Karten in dein Theater.

Klebefläche

Klebefläche

Das Fenster ausschneiden, umklappen und an den Seiten festkleben.

Oben entsteht eine Öffnung zum Einschieben der Bilder.

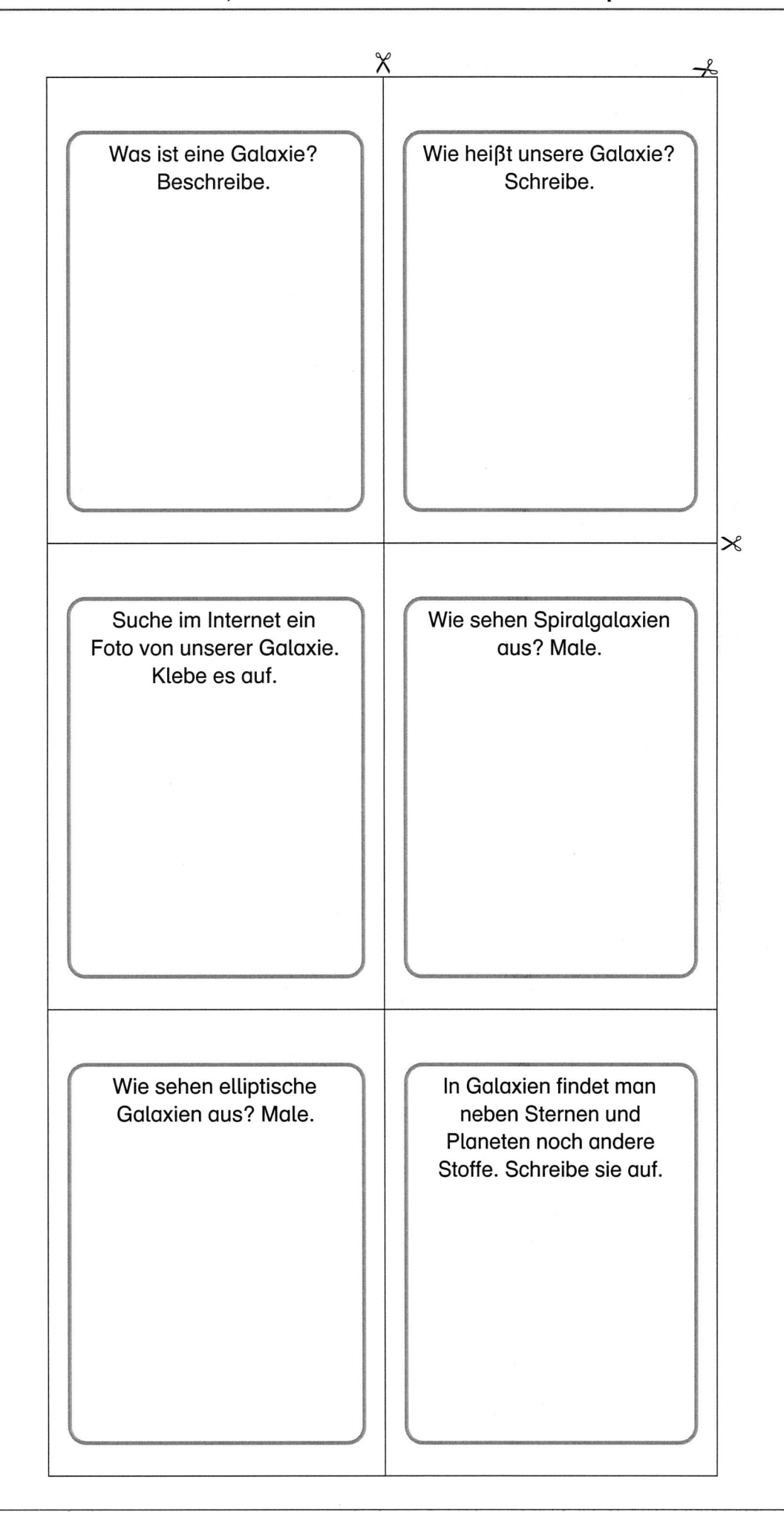

Weltall, Planeten und Sterne – Die Milchstraße und andere Galaxien 2

Was ist eine Galaxie? Beschreibe.	Wie heißt unsere Galaxie? Schreibe.
Suche im Internet ein Foto von unserer Galaxie. Klebe es auf.	Wie sehen Spiralgalaxien aus? Male.
Wie sehen elliptische Galaxien aus? Male.	In Galaxien findet man neben Sternen und Planeten noch andere Stoffe. Schreibe sie auf.

Astronomie und Raumfahrt – Deckblatt

- Male die Vorlagen für das Deckblatt an und schreibe deinen Namen auf die Linien.
- Schneide die Vorlagen aus.
- Klebe sie auf dein Lapbook.

Astronomie und Raumfahrt

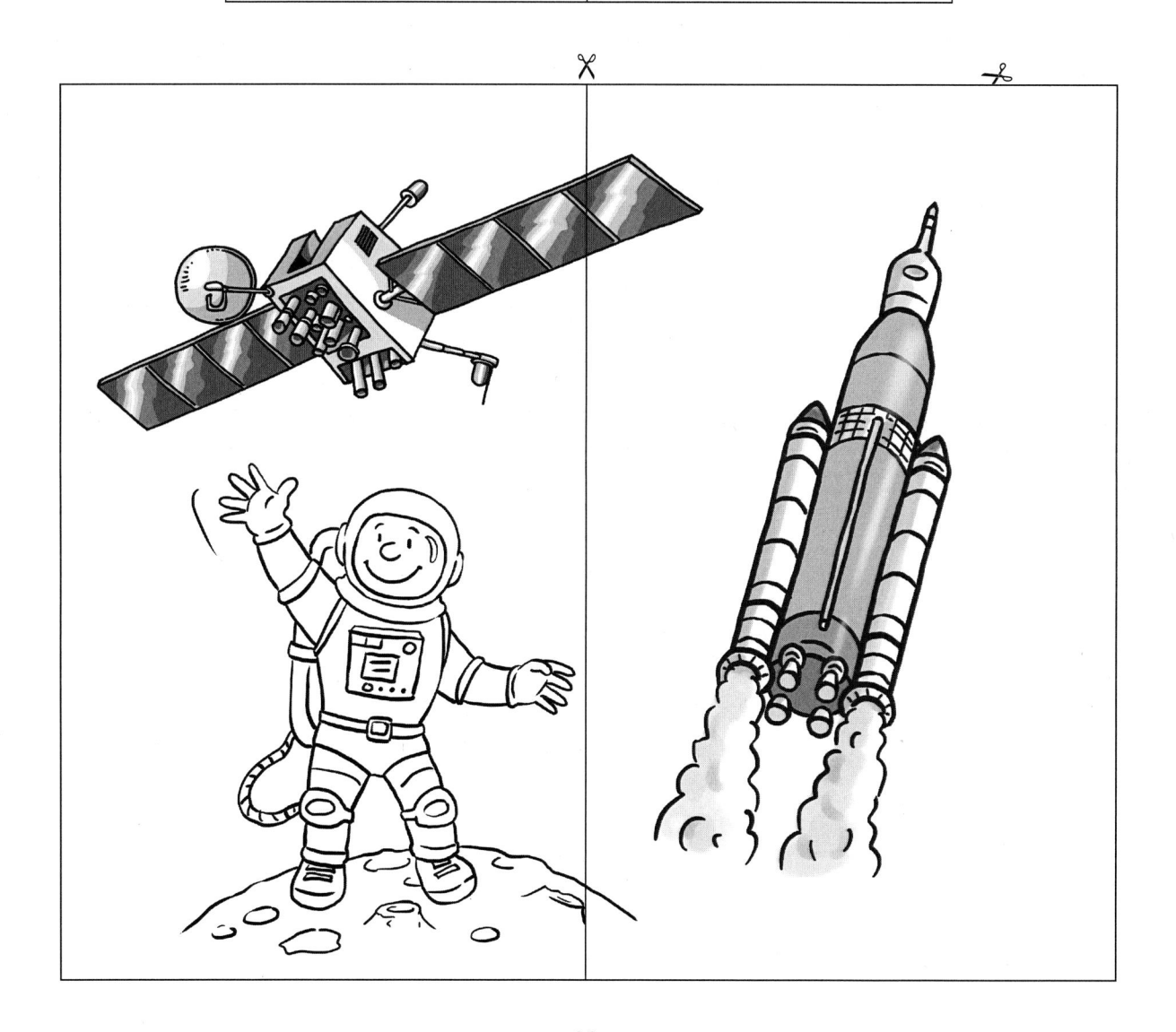

Dieses Lapbook gehört: _____

_____

Astronomie und Raumfahrt – Lesekarte

Was fliegt denn da?

Wenn Menschen in das Weltall fliegen, nennt man dies Raumfahrt. Bei einer Raumfahrtmission fliegen sie in Raumschiffen in den Weltraum und kehren nach dem Ende ihrer Mission zur Erde zurück. Es gibt auch Langzeitaufenthalte im Weltall, wie zum Beispiel auf der russischen Mir-Raumstation oder der Internationalen Raumstation ISS. Die Internationale Raumstation ISS schwebt 400 km über der Erde. Hier forschen Raumfahrerinnen und Raumfahrer an vielen Dingen und machen wissenschaftliche Experimente.

Die Sowjetunion (das heutige Russland) schickte 1957 den ersten Satelliten ins Weltall. Dieser Satellit umrundete die Erde mehrmals. Sein Name war Sputnik 1. Sputnik 1 sah aus wie ein großer Ball mit vier langen Antennen.

Im Jahr 1977 wurden die Raumsonden Voyager 1 und 2 ins Weltall geschossen. Sie sollen uns mehr Wissen über die Planeten und unser Sonnensystem liefern. Die Voyager 1 flog bereits an Jupiter, Saturn, Uranus und Neptun vorbei. Aktuell befindet sie sich 21 Milliarden Kilometer entfernt. Sie ist damit die Sonde, die am weitesten von der Sonne entfernt ist.

Seit 1990 befindet sich das Weltraumteleskop Hubble im Weltall. Es sendet aus der Erdumlaufbahn heraus sensationelle Bilder von Staubwolken und Planeten unseres Sonnensystems. So können wir das All durch die Superaugen Hubbles entdecken.

Astronomie und Raumfahrt – Kurze Geschichte der Astronomie 1

✂ **Schneide die Vorlage aus.**
Falte die Vorlage nach Anleitung.

📖 **Lies die Geschichte der Astronomie.**

📎 **Hefte das Buch mit einer Büroklammer an dein Lapbook.**

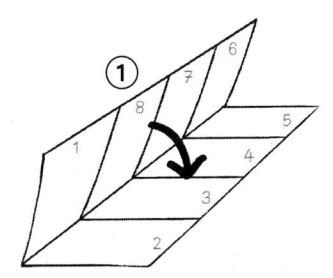

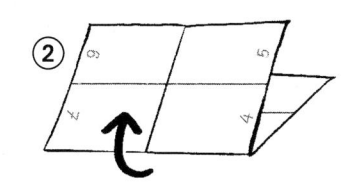

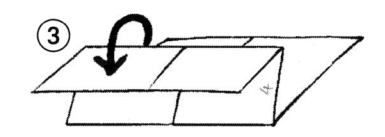

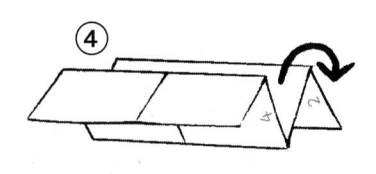

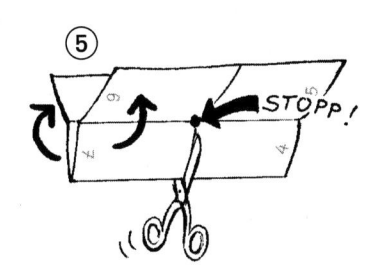

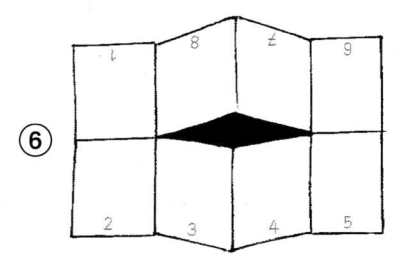

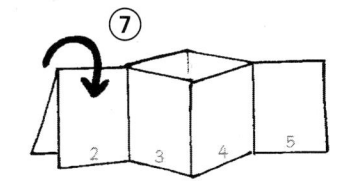

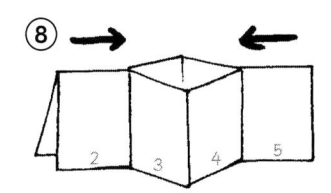

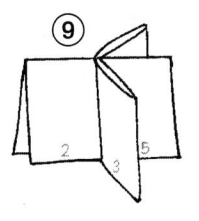

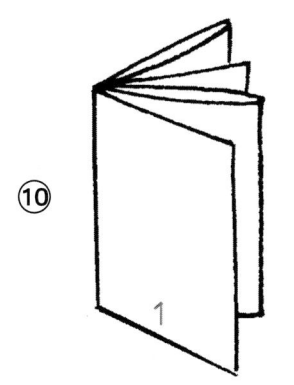

Astronomie und Raumfahrt – Kurze Geschichte der Astronomie 2

Kurze Geschichte der Astronomie

1

2

Astronomie ist die Wissenschaft von den Planeten und Sternen. Wissenschaftlerinnen und Wissenschaftler, die in diesem Gebiet tätig sind, nennt man Astronominnen und Astronomen. Sie erforschen die Objekte des Weltalls, zum Beispiel Planeten, Monde, Sterne, Kometen.

3

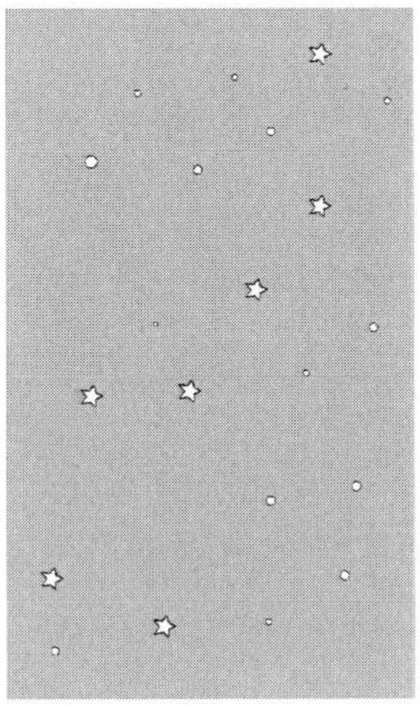

Heute können wir ins Weltall reisen und mithilfe von moderner Technik in die Tiefen des Weltalls schauen. Viele Jahrtausende lang aber waren die Sterne für die Menschen unerreichbar. Sie konnten sie nur beobachten und versuchten, das Universum zu erklären.

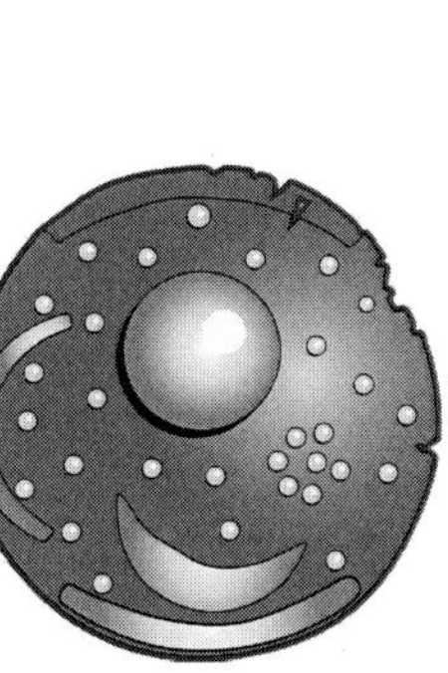

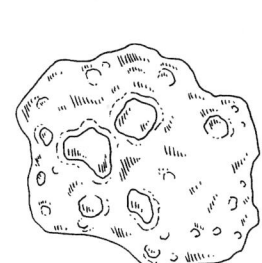

4

Bereits vor 4000 Jahren beschäftigten sich die Menschen mit dem Himmel. Auf dem Mittelberg in Sachsen-Anhalt wurde eine kreisförmige Platte mit goldenen Abbildungen von Sonne, Mond und Sternen gefunden: die Himmelsscheibe von Nebra. Sie gilt als die älteste bekannte Himmelsdarstellung.

© Olenka – stock.adobe.com)

5

Dass ein Jahr rund 365 Tage umfasst, fanden chinesische Astronomen bereits im 11. Jahrhundert bis 221 vor Christus heraus. Sie beobachteten zudem Kometen und entdeckten, dass sich einige Sterne am Himmel bewegten.

6

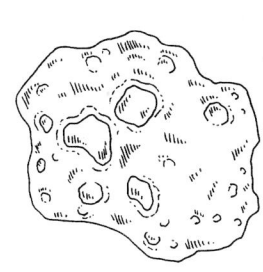

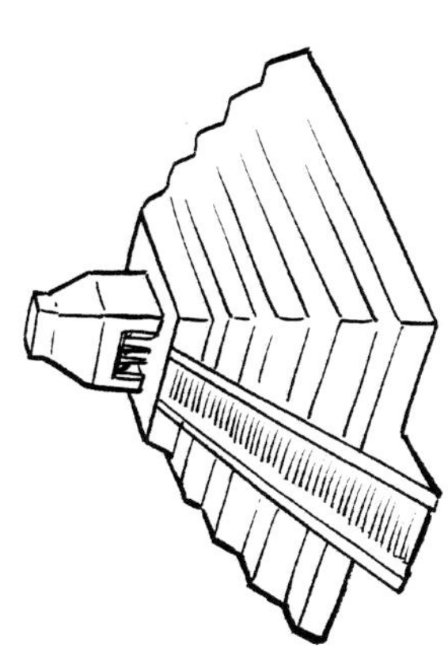

Ab dem 4. Jahrhundert nach Christus bauten die Maya Tempel und Pyramiden. Maya sind die Ureinwohner in Mittelamerika. Ihre Bauten dienten astronomischen Zecken. Sie schufen zudem einen Kalender, der sich an der Venus orientierte.

7

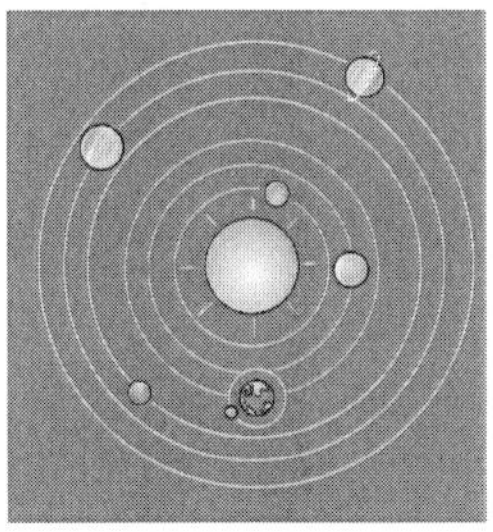

Früher gingen die Menschen davon aus, dass sich die Sonne, der Mond und alle Planeten um die Erde drehen. Claudius Ptolemäus (80 bis 160) war der wichtigste Astronom, der an dieses Weltbild glaubte. Nikolaus Kopernikus (1473 bis 1543) war der erste Sternbeobachter, der erklärte, die Sonne – und nicht die Erde – sei der Mittelpunkt.

8

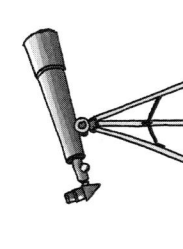

Galileo Galilei (1564 bis 1642) begann mithilfe eines Fernrohrs Himmelsbeobachtungen und entdeckte die vier größten Jupitermonde. Im 18. und 19. Jahrhundert konnten durch bessere Teleskope immer neue Erkenntnisse über das Weltall gesammelt werden. Albert Einstein (1879 bis 1955) brachte uns mit seinen Theorien das Verständnis unseres Universums einen großen Schritt näher.

Astronomie und Raumfahrt – Wichtige Astronomen 1

✂ **Schneide die Vorlagen aus.**

Falte sie. Falte sie wieder auseinander.

✏ **Schau dir die Bilder an und lies die Namen.**

Forsche in Sachbüchern oder im Internet nach den Astronomen. Schreibe auf, was sie herausgefunden haben.

Du kannst zum Beispiel hier schauen:

https://www.learningbase.de/get-link/989

https://www.learningbase.de/get-link/990

https://www.learningbase.de/get-link/991

🖊 **Falte die Formen und klebe sie auf dein Lapbook.**

Nikolaus Kopernikus

© nickolae – stock.adobe.com

Astronomie und Raumfahrt – Wichtige Astronomen 2

Galileo Galilei
© nickolae – stock.adobe.com

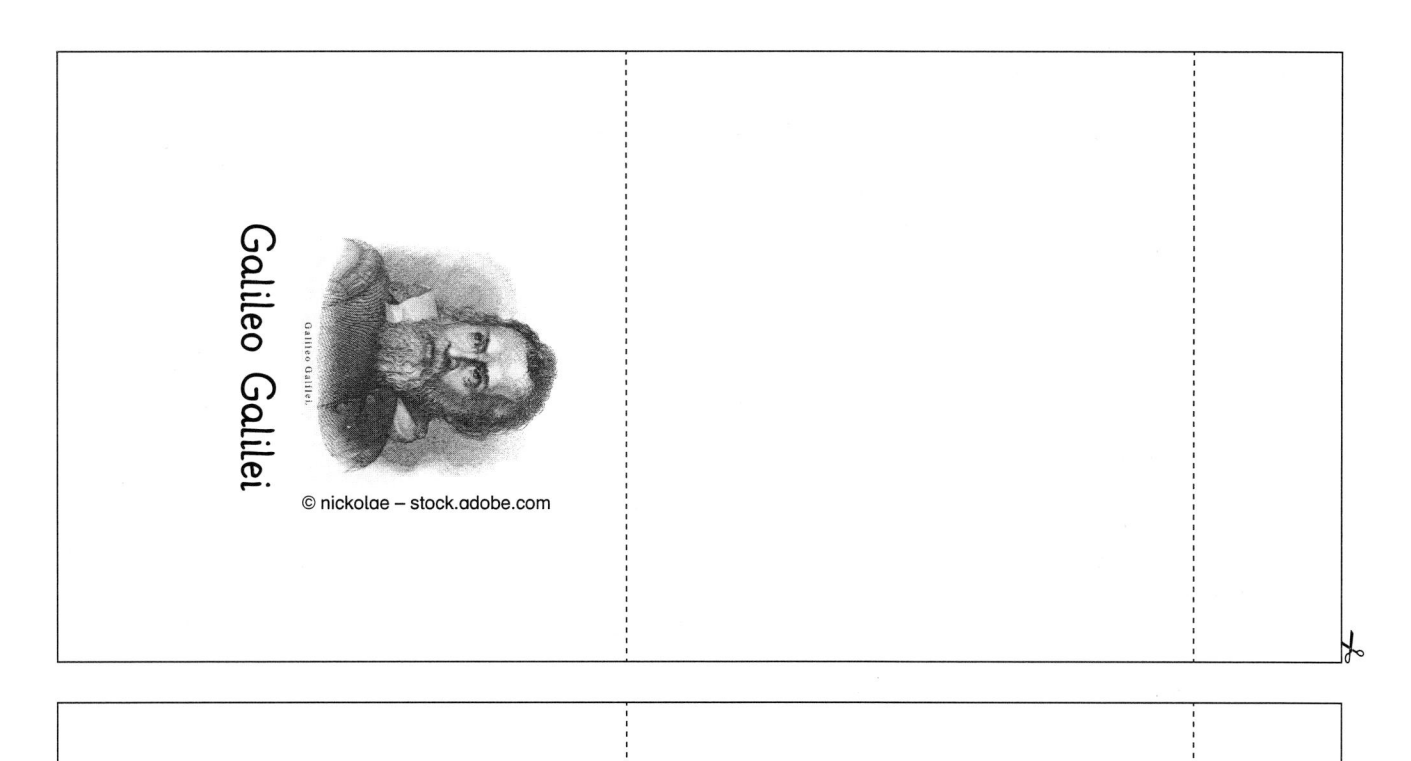

Isaac Newton
© Zlatko Guzmic – stock.adobe.com

Caroline Herschel
© gemeinfrei, Autor/-in unbekannt, https://commons.wikimedia.org/wiki/File:PSM_V08_D660_Caroline_Herschel.jpg?uselang=de

Astronomie und Raumfahrt – Auffällige Erscheinungen im All 1

♛ **Für zukünftige Astronautinnen und Astronauten:**

✂ **Schneide die Seiten aus.**

✎ **Beantworte die Fragen auf den Heftseiten.**
Forsche dazu in Sachbüchern oder im Internet.

Du kannst zum Beispiel hier schauen:

https://www.learningbase.de/get-link/992

https://www.learningbase.de/get-link/993

https://www.learningbase.de/get-link/994

https://www.learningbase.de/get-link/995

https://www.learningbase.de/get-link/996

Klebe sie so zusammen, dass ein kleines Heft entsteht.

Klebe das Heft in dein Lapbook.

Auffällige Erscheinungen im Weltall

Deckblatt

Klebefläche

Was ist ein Doppelplanet?

Seite 1

Astronomie und Raumfahrt – Auffällige Erscheinungen im All 2

Klebefläche	Klebefläche
Was ist ein Exoplanet?	Warum funkeln Sterne am Himmel?

Seite 2

Seite 3

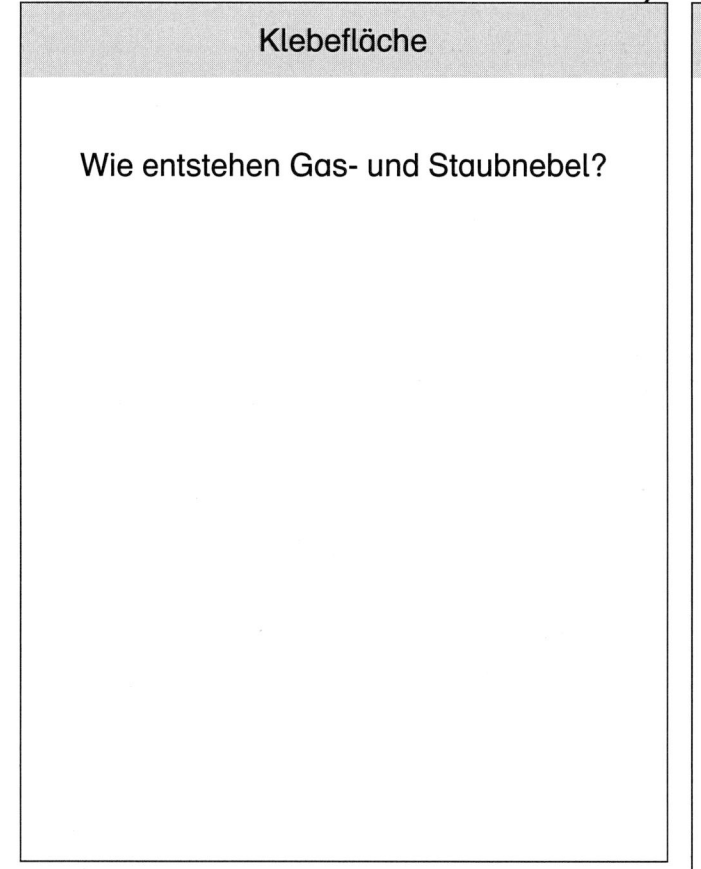

Klebefläche	Klebefläche
Wie entstehen Gas- und Staubnebel?	Was ist ein schwarzes Loch?

Seite 4

Seite 5

Astronomie und Raumfahrt – Gravitation, die unsichtbare Kraft

✂ **Schneide die Vorlagen aus.**
  Falte sie. Falte die Vorlagen wieder auseinander.

✏ **Verbinde die Satzteile.**

🖍 **Falte die Formen wieder zusammen und klebe sie auf dein Lapbook.**

Apfel 1: Gravitation

Obere Satzteile:
- nach unten fallen.
- zum Boden gezogen wird.
- Schwerkraft.
- der Himmelskörper bestimmt.

Untere Satzteile:
- Gravitation bedeutet
- Schwerkraft ist die Kraft, mit der ein Gegenstand
- Auf der Erde bedeutet die Schwerkraft, dass alle Körper
- Im Weltall werden durch die Gravitation die Bahnen

Gravitation

Apfel 2: Eine unsichtbare Kraft

Obere Satzteile:
- Flugbahnen entstehen.
- Sterne und Planeten entstehen.
- er einen Apfel auf den Boden herabfallen sah.
- hier viel stärker.

Untere Satzteile:
- Die Planeten ziehen sich gegenseitig an und ihre
- Nur durch die Gravitation konnten aus Gaswolken
- Da die Erde schwerer ist als der Mond, ist die Gravitation
- Angeblich hat Isaac Newton die Schwerkraft erkannt, als

Eine unsichtbare Kraft

Astronomie und Raumfahrt – Raumfahrt 1

- ✂ Schneide die Karten aus.
- 📖 Lies die Texte.
- ✏ Beantworte die Fragen auf der Rückseite der Karten.
- 📎 Hefte die Karten in der richtigen Reihenfolge mit einer Büroklammer an dein Lapbook.

Raumfahrt

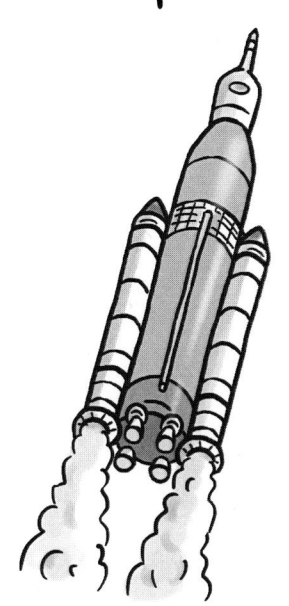

Wenn Menschen in das Weltall fliegen, nennt man dies Raumfahrt. Bei einer Weltraummission fliegen sie in Raumschiffen in den Weltraum und kehren nach dem Ende ihrer Mission zur Erde zurück. Es gibt auch Langzeitaufenthalte im Weltall, wie zum Beispiel auf der russischen Mir-Raumstation oder der Internationalen Raumstation ISS.

Wie lauten die Namen von zwei Raumstationen?

Die Sowjetunion (das heutige Russland) schickte 1957 den ersten Satelliten ins Weltall. Dieser Satellit umrundete die Erde mehrmals. Sein Name ist Sputnik 1. Sputnik 1 sah aus wie ein großer Ball mit vier langen Antennen.

Wie sah Sputnik aus? Male oder beschreibe ihn.

Der erste Mensch flog 1961 ins Weltall: Juri Gagarin. Er war der erste Mensch, der über eine Höhe von 100 Kilometern gelangte. Er umrundete mit dem Raumschiff Wostok 1 die Erde und landete nach 1 Stunde und 48 Minuten in Kasachstan.

Wie lange dauert die Erdumrundung mit dem Raumschiff Wostok?

Astronomie und Raumfahrt – Raumfahrt 2

Die erste Mondlandung gelang 1969: Der Amerikaner Neil Armstrong betrat als erster Mensch den Mond. Dabei sagte er die berühmten Worte: „Das ist ein kleiner Schritt für einen Menschen, aber ein großer Sprung für die Menschheit!"

Was bedeuten die Worte von Neil Armstrong?

Im Jahr 1977 wurden die Raumsonden Voyager 1 und 2 ins Weltall geschossen. Sie sollen uns mehr Wissen über die Planeten und unser Sonnensystem liefern. Die Voyager 1 flogen bereits an Jupiter, Saturn, Uranus und Neptun vorbei. Aktuell befindet sie sich 21 Milliarden Kilometer entfernt. Sie ist damit die Sonde, die am weitesten von der Sonne entfernt ist.

Warum wurden die Raumsonden ins Weltall geschossen?

Seit 1990 befindet sich das Weltraumteleskop Hubble im Weltall. Es sendet aus der Erdumlaufbahn heraus sensationelle Bilder von Staubwolken und Planeten unseres Sonnensystems. So können wir das All durch die Superaugen Hubbles entdecken.

Beschreibe Hubbles Bild des Nebels:

© lukszczepanski – stock.adobe.com

Auch heute noch fliegen Menschen ins Weltall. Aber nur drei Länder können bemannte Raumfahrtmissionen (also Missionen, bei denen Menschen in den Weltraum fliegen) durchführen: Russland (RAKA), die USA (NASA) und China (CNSA). Unter anderem fliegen die Menschen zur Internationalen Raumstation. Die Internationale Raumstation ISS schwebt 400 km über der Erde. Hier forschen Raumfahrerinnen und Raumfahrer an vielen Dingen und machen wissenschaftliche Experimente.

Welche Länder können bemannte Raumfahrtmissionen durchführen?

Astronomie und Raumfahrt – Weltraumteleskope, -stationen, Satelliten und Raumsonden 1

- 📖 Lies die Lesekarte „Was fliegt denn da?".
- ✂ Schneide die Vorlage aus und falte sie.
- ✏ Schreibe zu jedem Bild ein bis zwei passende Sätze.
- 🖌 Falte das Buch und klebe es auf dein Lapbook.

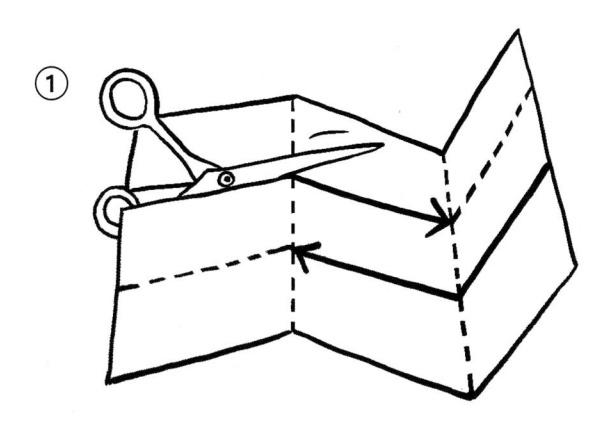

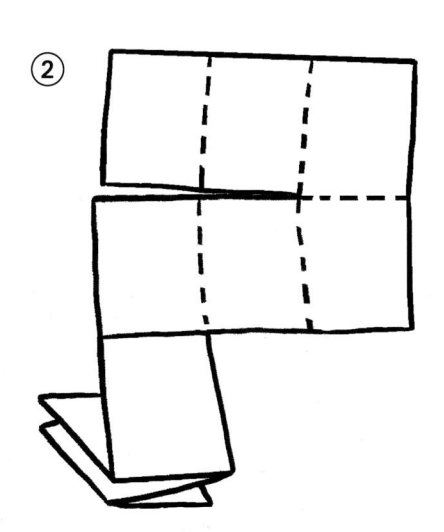

①

②

Astronomie und Raumfahrt – Weltraumteleskope, -stationen, Satelliten und Raumsonden 2

Weltraumteleskope, -stationen, Satelliten und Raumsonden

Internationale Raumstation ISS

© Artsiom P – stock.adobe.com

Satellit Sputnik

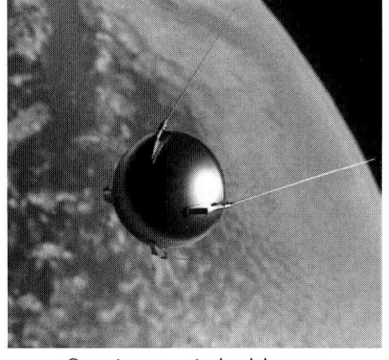

© auntspray – stock.adobe.com

Weltraumteleskop Hubble

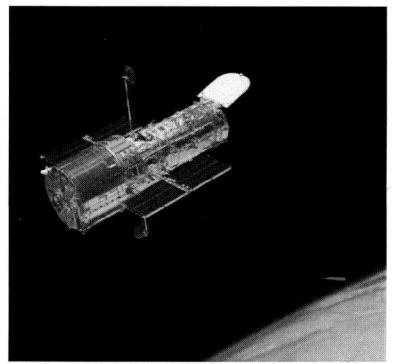

© marcel – stock.adobe.com

Voyager 1

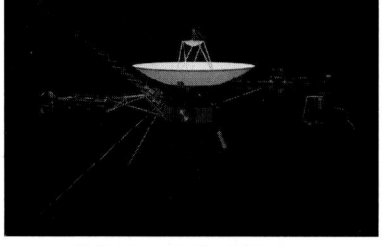

© Jesper – stock.adobe.com

Astronomie und Raumfahrt – Der Raumanzug

✂ Schneide die Vorlage aus.

Falte sie entlang der Mittellinie. Falte sie wieder auseinander.

✂ Schneide die Laschen an den Schneidelinien ein.

✏ Beschrifte den Raumanzug. Diese Wörter helfen dir:

| Helm mit Sichtfenster | Ringverschluss | Handschuhe | Schubdüse |

| Lebenserhaltungssysteme und Körpertemperaturreglung |

| Checkliste | Schutzschicht |

🖍 Falte das Buch und klebe es auf dein Lapbook.

✏ Gestalte ein Deckblatt.

H___

R___

H___

S___

S___

L___

C___

© Bogdan – stock.adobe.com

© PERSEN Verlag

67

Astronomie und Raumfahrt – Das Leben im Weltall 1

✂ Schneide die Vorlagen aus.

📖 Welche Texte gehören zusammen?

🖍 Klebe die Filmstreifen in der richtigen Reihenfolge zusammen.

✂ 🖍 Schneide den Fernsehbildschirm aus und klebe ihn oben und unten zusammen. Klebe den Bildschirm dann mit der Rückseite auf dein Lapbook. Schiebe nun die Filmstreifen durch den Bildschirm.

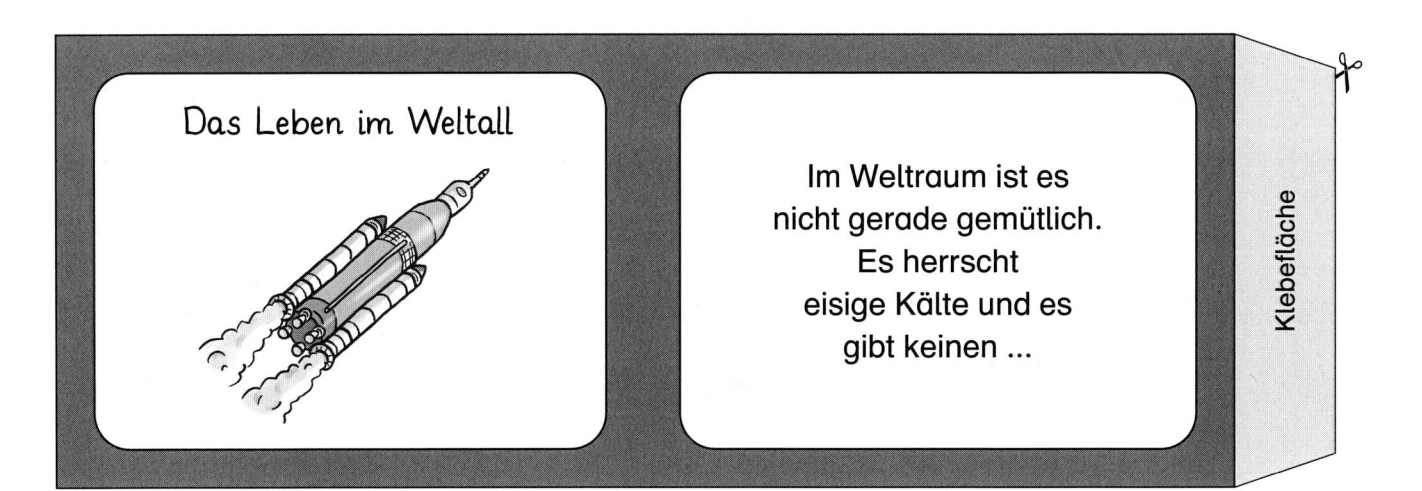

Klebefläche

Das Leben im Weltall

Im Weltraum ist es nicht gerade gemütlich. Es herrscht eisige Kälte und es gibt keinen ...

Klebefläche

Astronomie und Raumfahrt – Das Leben im Weltall 2

von minus 150 bis plus 130 Grad Celsius aushalten.	Im Weltraum ist alles schwerelos – es gibt kein oben und kein unten. Das macht das Schlafen auf der Raumstation ...
Sauerstoff. Astronautinnen und Astronauten brauchen daher einen Raumanzug.	Er ist ein Schutzpanzer und versorgt den Menschen außerhalb der Raumstation mit Sauerstoff. Außerdem schützt er vor Strahlung und kann Temperaturen ...
Kojen für die Besatzung.	Da es im Weltall keine Supermärkte gibt, müssen die Astronautinnen und Astronauten ihre Nahrung ...
besonders. Die Astronautinnen und Astronauten können sich nach einem langen Arbeitsalltag mit einem Schlafsack an einer Decke oder Wand befestigen.	Wichtig ist nur, dass sie nicht umherschweben und an Dinge stoßen. Manche Raumstationen haben auch ...

Klebefläche

Astronomie und Raumfahrt – Das Leben im Weltall 3

bereits mehrere Monate vor der Reise auswählen. Alle paar Monate liefert ein Versorgungsschiff neue Mahlzeiten.

Im Weltraum hat die Besatzung viel zu tun: Ständig müssen Experimente …

kommunizieren oder Videogespräche empfangen.

Ende

durchgeführt und Reparatur- oder Haushaltsaufgaben erledigt werden.

In ihrer Freizeit können die Astronautinnen und Astronauten täglich mit ihren Familien per E-Mail …

Astronomie und Raumfahrt – Aufbau einer Rakete

✂ **Schneide die Vorlage aus. Falte sie. Falte sie wieder auseinander.**

✏ **Fülle die Lücken.**

Diese Wörter helfen dir:

| Triebwerkdüsen | Weltall | Druck | Hilfsraketen |

| Tonnen | abgeworfen | Treibstoff |

🖍 **Klebe die Form auf dein Lapbook.**

✏ **Schreibe den Raketen-Countdown neben die Form: 10, 9 ...**

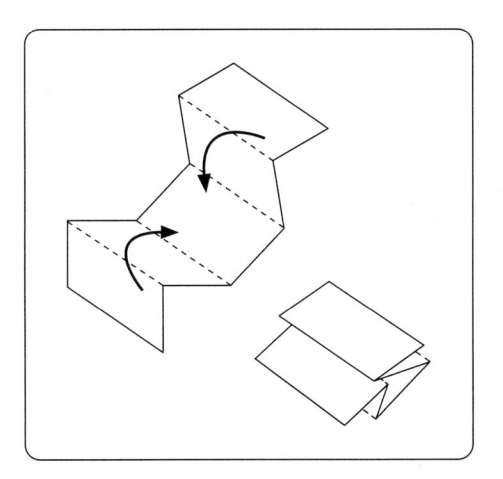

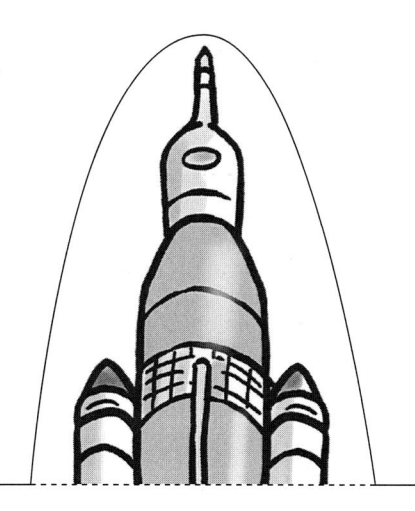

Mit Raketen werden Satelliten und Weltraumshuttle ins _____ befördert. Raketen sind sehr schwer. Beim Start wiegen sie mehrere Hundert _____.

Damit Raketen ihre Geschwindigkeit erreichen können, brauchen sie sehr viel _____.
Dieser wiegt am meisten und wird beim Raketenstart komplett verbraucht. Um die Schubkraft zu erreichen, werden die _____ entzündet.
Durch den _____ schießt die Rakete in die Höhe.
Raketen bestehen aus bis zu drei Teilen, die nach Gebrauch _____ werden können.
So zum Beispiel die Treibstofftanks, die nach

---

dem Start leer sind. Um noch einen weiteren Schub zu ermöglichen, haben viele Raketen kleinere _____. Auch diese können abgeworfen werden.

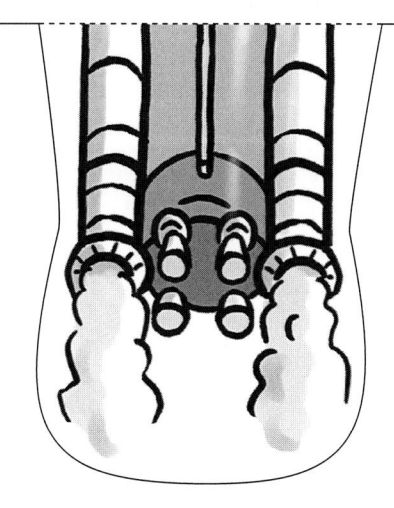

© PERSEN Verlag

71

Anhang – Astronauten-Ausweise

Name: _____ Datum: _____

Du hast gezeigt, dass du das Zeug zur Astronautin hast und Expertin für das Weltall, die Planeten und Sterne bist!

Name: _____ Datum: _____

Du hast gezeigt, dass du das Zeug zum Astronauten hast und Experte für das Weltall, die Planeten und Sterne bist!

Name: _____ Klasse: _____ Datum: _____

Wir erstellen ein Lapbook zu einem selbst gewählten Thema

	3 Punkte	2 Punkte	1 Punkt	0 Punkte
1. Inhalt				
Du kennst dich mit dem Thema gut aus.				
Du stellst die Sachverhalte richtig dar.				
Du verwendest Fachbegriffe.				
Die anderen Kinder lernen etwas durch dein Lapbook.				
2. Gestaltung				
Dein Lapbook macht neugierig.				
Du hast sauber geschnitten, geschrieben und geklebt.				
Dein Lapbook ist gut gegliedert.				
3. Präsentation				
Deine Präsentation ist anschaulich.				
Du hast laut und deutlich gesprochen.				
4. Sonstiges				
Du hast dich nicht ablenken lassen und konzentriert gearbeitet.				
Gesamtergebnis				

Anhang – Laufzettel (Blankovorlage)

✏️ **Male die erledigten Aufgaben an.**

74

© PERSEN Verlag

Jederzeit optimal vorbereitet in den Unterricht?

» Lehrerbüro!

Hier finden Sie alle Unterrichtsmaterialien

der Verlage Auer, PERSEN und scolix

immer und überall online verfügbar.

lehrerbuero.de
Jetzt kostenlos testen!

» lehrerbüro

Das **Online-Portal** für Unterricht und Schulalltag!